ATHLONE RENAISSANCE LIBRARY

ROBERT GARNIER
Two Tragedies

ATHLONE RENAISSANCE LIBRARY

ROBERT GARNIER

Two Tragedies

Hippolyte and *Marc Antoine*

edited by
CHRISTINE M. HILL
and
MARY G. MORRISON

UNIVERSITY OF LONDON
THE ATHLONE PRESS
1975

Published by
THE ATHLONE PRESS
UNIVERSITY OF LONDON
at 4 Gower Street, London WCI

Distributed by
Tiptree Book Services Ltd
Tiptree, Essex

U.S.A. and Canada
Humanities Press Inc
New Jersey

0 485 13809 3 *cloth*
0 485 12809 8 *paperback*

Printed in Great Britain by
WESTERN PRINTING SERVICES LTD
BRISTOL

ACKNOWLEDGEMENTS

We wish to acknowledge the generous encouragement received from Professor C. A. Mayer, and his invaluable help and criticism given throughout the course of our preparation of this edition. Our thanks are also due to the Universities of Bristol and Manchester, which gave us financial help for our work in Paris.

C.M.H.
M.G.M.

CONTENTS

INTRODUCTION

GARNIER'S LIFE AND WRITINGS

Robert Garnier was born in 1544 or 1545[1] at La Ferté-Bernard. We know little of his early life. He studied law at Toulouse from 1563 to 1566. The year 1567 saw him in Paris, launched upon a legal career as *avocat* in the Parlement. In 1569 he left for Le Mans, where he became *conseiller au présidial*, that is, magistrate rather than barrister. In 1574 he became, apparently through the direct intervention of the king,[2] *lieutenant criminel*, that is, deputy president of the *assemblée de la ville*, under the *lieutenant général*, and also chief justice for the whole of the *comté du Maine*. By 1575 he was married to Françoise Hubert, who bore him two daughters, Diane in 1579, Françoise in 1582. He continued in his post of *lieutenant criminel* until 1586, living through the alternations of war and precarious peace during the Wars of Religion which beset his country. In that year of 1586 he became a member of the *Grand Conseil* (that is, of the King's Council) but in fact spending more time in Le Mans than in Paris. He had only four more years to live, and those years were sombre. His wife died in 1588. Inexplicably, the man who had been *politique* in sympathy, who had written a royalist *Hymne de la Monarchye*, seems towards the end of his life to have been drawn into the orbit of the League for a while.[3] Clearly Garnier was overwhelmingly troubled by the apparently irremediable decay and confusion of his country's destiny, and the line he should adopt cannot have seemed easy to discern. He was also afflicted by illness and poverty. He died aged only 45 on 20 September 1590.

[1] See M. M. Mouflard, *Robert Garnier, 1545–1590*, 3 vols., *La Vie* (La Ferté-Bernard, 1961), *L'Œuvre* (La Roche-sur-Yon, 1963), *Les Sources* (La Roche-sur-Yon, 1964). See I, *La Vie*, pp. 51–2. [2] Ibid., pp. 239–42.

[3] Ibid., ch. xvi for an interpretation of Garnier's complex state of mind. The League was a confederation of the Catholic party, formed by the Duc de Guise in 1576, apparently to defend the Catholic faith, but frequently opposed to the Catholic king Henri III. The *politiques* were a party uniting moderate interests.

According to Colletet, an early seventeenth-century chronicler who wrote more or less fanciful biographies of all sixteenth-century writers, known and unknown, the cause of his death was grief:

> Ces disgrâces domestiques et particulières étant suivies des disgraces publiques où comme un bon et fidèle citoyen il prenoit tant de part le precipitèrent dans une mélancholie si profonde et si noire qu'il témoigna des lors à ses intimes que la vie commençoit a luy estre ennuyeuse...il se vist l'esprit tellement partagé et mesme dans un si grand embarras de mortelles traverses et de maux présents et d'apprehensions d'autres futures calamités que, ne pouvant davantage résister à tant de secousses, il rendist l'esprit en sa ville...l'an 1590.[4]

Although Garnier was famous as a dramatist, his death was not commemorated by the customary *tombeau poétique*, no doubt because of the troubled state of the country.[5]

From the beginning, Garnier's professional interest in law had been paralleled by his interest in literature. While he was studying at Toulouse he took part in the celebrated *Jeux Floraux*,[6] winning in 1564 the second prize, the *Violette*, and two years later the first prize, the *Eglantine*. He also celebrated in various literary tributes the solemn entry of the young Charles IX and his mother into the city in January 1565. His participation in a literary contest whose products were contemptuously dismissed by Du Bellay in the *Deffence et Illustration de la Langue Françoyse* (1549) as *espiceries* did not however mean that he was closed to the literary and artistic ideas of the Pléiade. Garnier is silent upon the theory of poetry, and indeed upon the theory of drama as well, apart from glancing references,[7] but there is ample evidence of the influence of

---

[4] From Colletet's *Vie des poètes françois*; see Mouflard, I, *La Vie*, Appendix I, pp. 24–5.

[5] However, editions of his plays continued to appear into the seventeenth century; and it may be noted that the Countess of Pembroke translated *Marc Antoine* into English, and Thomas Kyd *Cornelie*.

[6] A poetic competition, instituted in 1323 and held yearly, at which the prizes were gold and silver flowers.

[7] As for example at the end of the *Argument* of *Porcie*, where Garnier remarks, 'Au reste, je luy ay cousu une pièce de fiction de la mort de la Nourrice, pour l'envelopper d'avantage en choses funèbres et lamentables, et en ensanglanter la catastrophe.' *Œuvres Complètes*, ed. Pinvert (Paris, 1923), I, p. 16.

Ronsard, 22 years his senior, upon the language and style of Garnier's writings.

Some of Garnier's lyric output has not come down to us. The sonnets composed in honour of his wife and mentioned by La Croix du Maine[8] were not published, and no edition of the *Plaintes Diverses* cited by the same author has as yet been discovered. Such poems as his *Elegie à Nicolas de Ronsard* can, however, be found in the edition by Pinvert,[9] as can also his *Hymne de la Monarchye*,[10] a long poem published in 1567. The political sentiments expressed in this poem are royalist, as were also the connotations of his prize-winning poems in the *Jeux Floraux*. France in the 1560s was in the throes of the first wars of religion, and the young Garnier was deeply aware of the horror of the situation, and the dangers to which his country lay open.

His first tragedy, published in 1568 by Robert Estienne, bears the significantly explanatory title: *Porcie, tragedie françoise, representant la cruelle et sanglante saison des guerres civiles de Rome: propre et convenable pour y voir depeincte la calamité de ce temps*. Like its successors, *Cornelie* in 1574 and *Marc Antoine* in 1578, it is based upon Roman history. Though the three plays appeared over the space of ten years, it seems possible that Garnier conceived the idea of a Roman trilogy right from the beginning. In the speech which composes the prologue and exposition for *Porcie*, the gloating Mégère exults over the present state of Rome, riven by civil discord:

> Rome n'est qu'un sepulchre à tant de funerailles
> Qu'elle voit entasser en ses froides entrailles...(145–6)

and then looks far beyond the action of *Porcie*:

> Mais ce n'est rien, Megere, encore n'as-tu pas
> Le cœur soulé de morts qui devalent là bas:
> Il te faut avancer l'horreur sicilienne
> Et le mal qu'ourdira la royne egyptienne. (147–50)

The Roman tragedies revolve around three historic battles: Pharsalus, the defeat of Pompey in 48 B.C., Philippi, the defeat of

---

[8] La Croix du Maine, author of the famous *Bibliothèque Françoise*; see *Premier volume de la Bibliothèque* (Paris, 1584); see also Du Verdier, *La Bibliothèque d'Antoine du Verdier* (Lyons, 1585), pp. 1098–104.

[9] Garnier, *Œuvres Complètes*, ed. L. Pinvert (Paris, 1923), II, p. 426.

[10] Ibid., p. 407.

Brutus and Cassius in 42 B.C., and Actium, the defeat of Antony and Cleopatra in 31 B.C., and these are battles which decided the fate of the Roman world. It is clear that Garnier felt that Roman history offered a lesson of tragic actuality for France at the time of the religious wars, as can be seen from the dedication of *Cornelie*, where he describes the kind of work he is writing as 'poeme à mon regret trop propre aux malheurs de nostre siecle'[11] and also from the dedication of *Marc Antoine* to Pibrac.[12]

Between *Porcie* and *Cornelie* came *Hippolyte*, published in 1573 and representing, along with *La Troade* (1579) and *Antigone* (1580), Garnier's interest in Greek tragic subjects. *Bradamante* (1582) is a *tragécomedie* and shows us a different Garnier from the sombre writer of tragedies, capable of effectively comic touches in characterisation. His last play *Les Juifves* (1583) transposes *La Troade* into Biblical terms, uniting the humanist who looks to the Classics for a vehicle to convey a tragic message with the deeply religious Catholic answering Protestant Biblical drama with a theme for the times. In his last play as in his earlier works, Garnier sees the state of his country mirrored in 'les souspirables calamitez d'un peuple qui a comme nous abandonné son Dieu'.[13]

Garnier wrote no more plays after *Les Juifves* (1583). When Ronsard died in 1585 Garnier contributed an *Elegie* to his *Tombeau*, where among other themes we see Garnier's familiar preoccupation with the wretched state of France, her fields stained with bloodshed, her peasants dying in the hedgerows. This *Elegie* was his last published work.

GARNIER AND SIXTEENTH-CENTURY TRAGEDY

The sixteenth century was a period of considerable experimentation in drama. It saw the birth of Biblical tragedy, historical tragedy and mythological tragedy, three types of regular tragedy which Garnier used and which were to be taken up again, after a period of irregular drama, and cultivated in the seventeenth century by Corneille and Racine. During the early years of the century increasing knowledge of the ancient texts led to a great admiration for classical tragedy and to a corresponding contempt for

---

[11] *Œuvres Complètes*, ed. Pinvert, I, p. 90. [12] See below, p. 105.
[13] *Œuvres Complètes*, ed. Pinvert, II, p. 216.

medieval techniques. Ancient tragedies were edited, translated, and imitated. The first regular tragedies were in Latin. George Buchanan, a Scotsman who taught at the Collège de Guyenne in Bordeaux when Montaigne was a pupil there, wrote in the early 1540s two Biblical tragedies in Latin for his pupils to perform, *Baptistes*, on John the Baptist, and *Jephthes*, on Jephtha's daughter. These had a classical form with a chorus. At the same time another scholar, Marc-Antoine Muret, wrote for the same college a historical tragedy in Latin, *Julius Caesar*, in five acts with a chorus and in the manner of Seneca. This was the first historical tragedy, and it was later imitated in French by Jacques Grévin in his *César* (1561). The first regular tragedy in French was the *Cléopâtre captive* of Etienne Jodelle, which was twice performed in the winter of 1552-3, once at the Collège de Boncourt, and again before the court at the Hôtel de Reims. It gained Jodelle immediate fame, though it was not published until 1574.[1]

Various Greek mythological tragedies had been translated into Latin at an early date, for instance Erasmus had translated the *Hecuba* and *Iphigenia* of Euripides in 1506 and Buchanan had translated the same author's *Medea* and *Alcestis* for the pupils of the Collège de Guyenne. The first translation of a Greek play into French was Lazare de Baïf's translation of the *Electra* of Sophocles (1537).

Religious tragedies in French hesitated between a regular and an irregular form, some authors, though learned scholars, having scruples about imitating too closely the works of the pagan Greeks and Romans when treating a Biblical subject. So Théodore de Bèze, while calling his *Abraham Sacrifiant* a tragedy, kept some of the features of the medieval mystery such as the *décor multiple* and the character of Satan, but he imitated the concentrated action and serious tone of ancient tragedy, and his treatment of the problem of a father who for religious reasons must sacrifice his child is influenced by Euripides's treatment of the theme in *Iphigenia*. Louis Des Masures published his irregular *Tragédies Saintes* (1563), a trilogy about David, again showing a blending of classical influences with the techniques of the mysteries. Jean de la Taille on the other hand resolutely cast his Biblical tragedies, *Saül le furieux* and *La Famine, ou les Gabeonites* (written about 1562)

[1] See below, p. 14 for a résumé.

in a classical mould, as far as possible. This talented dramatist possessed the highest degree of truly dramatic invention of any writer of the century. His well-drawn characters do not simply bewail their fate but confront each other in scenes of dramatic tension. These authors were the main predecessors of Garnier.

To turn now to dramatic theory: La Taille was also the author of an important treatise, *De l'art de la tragédie*, published in 1572 as a preface to his *Saül*, in which a knowledge of Aristotle is shown. Aristotle is also quoted by Jacques Grévin in the *Brief discours pour l'intelligence de ce théâtre* prefixed to his dramatic works in 1561. Nevertheless in spite of the work done on explaining Aristotle's views on tragedy by various Italian critics and by J. C. Scaliger in his *Poetices libri septem*, published at Lyons in 1561, it is difficult to discern exactly what influence was exercised by the Greek philosopher upon either the theory or the practice of the dramatists of the sixteenth century. It is safe to say that they were much more familiar with the precepts of the *Ars Poetica* of Horace. It seems in fact that most Renaissance playwrights preferred to use as their models the plays of Seneca, in which the organisation of a well-formed plot is not entirely neglected, but which obtain their effect chiefly through the brilliance of the rhetorical speeches and debates. From the prefaces of sixteenth-century French dramatists[2] it appears that they had evolved their own general formula for tragedy, the main features of which are as follows: tragedy should be about great persons, should set forth a change from happiness and good fortune to wretchedness and disaster,[3] should have a moral and even a didactic aim ('du tout didascaliques et enseignantes' is how Ronsard in the preface to his *Franciade*[4] qualifies both comedy and tragedy) and should move those to whom it is addressed. The importance of moving the spectators is underlined by Jean de la Taille who near the beginning of his *De l'art de la tragédie* states that ' ... la vraye et

[2] The theoretical writings are collected in H. W. Lawton's excellent *Handbook of French Renaissance Dramatic Theory* (Manchester, 1949).

[3] J. C. Scaliger, *Poetices Libri Septem*, III, ch. xcvii: 'Tragic matter is lofty, terrible, concerning the edicts of kings, deaths, despair, hangings, exiles, bereavements, parricides, incests, conflagrations, fights, blindings, weepings, wailings, lamentations, burials, funeral orations and dirges.' Translated by H. C. Lawton in his *Handbook of French Renaissance Dramatic Theory*, p. 140.

[4] Ronsard, P. de, *Œuvres completes*, ed. P. Laumonier, XVI, (1952), p. 334.

seule intention d'une Tragedie est d'esmouvoir et de poindre merveilleusement les affections d'un chascun'.[5] This aim of moving the audience is also apparent in the following passage by Jean Vauquelin de la Fresnaye:

> Qu' aux yeux elle sera de tous representee,
> Ou bien, faite desja, des joueurs recitee;
> Et bien que ce qu'on oit emeuve beaucoup moins
> Que cela dont les yeux sont fidelles tesmoins,
> Toutefois il ne faut lors montrer la personne,
> Quand la honte ou l'horreur du fait les gens estonne.[6]

With regard to the form, the sixteenth-century tragedy had, as recommended by Horace, five acts and a chorus, and a dignified style in keeping with the nobility of the subject-matter. Violent action was not represented on the stage. In accordance with the practice they had noticed in ancient tragedy authors tried to observe unity of place (in a wide sense) and to restrict the duration of their very simple action to one day.

Generally speaking, a Renaissance tragedy tends to be a predominantly lyrical portrayal of a great mutation of fortune, a terrible decline of noble personages, with much emphasis on the transient nature of human life and happiness, and often providing a lesson on the consequences of transgressing the moral law. In *Hippolyte* and *Marc Antoine*, which present a stern warning of the destructive power of passionate love, Garnier found perfect examples of this type of tragic subject, where the emotions are roused by the spectacle of ruin and death, and the moral of ... *dicique beatus / Ante obitum nemo supremaque funera debet*[7] can be suitably pointed with every fresh calamity.

Anyone reading sixteenth-century French tragedy should try to banish from his mind the concepts of the seventeenth century, otherwise he will find himself judging by the wrong criteria. The particular effects desired by sixteenth-century dramatists are not achieved in the seventeenth-century manner by presenting to the

[5] Jean de la Taille, *Dramatic Works*, ed. K. M. Hall and C. N. Smith (London, 1972), p. 20.

[6] *L'Art poétique de Jean Vauquelin*, ed. Ach. Genty (Paris, 1862), p. 70. These words echo Horace *Ars Poetica*, 179–84. The *Art Poétique*, begun in 1574, was published only in 1605.

[7] Ovid, *Metamorphoses*, III, 135 (call no man happy until he is dead).

audience the sight of characters in conflict, who through the clash of passions and motives create their own destiny. Instead, sixteenth-century dramatists tend to show not the psychological causes of a spectacular misfortune, but the effect of this misfortune on the victim, while it is pending, and when it has happened. So their drama takes the form of a series of declamations, lyrical laments, and monologues, expressing the emotion of the victim, followed by the laments of the chorus, or else a series of touching spectacles, a lover committing suicide over the body of the beloved, a mother saying an eternal farewell to her children, and so on. In addition, all tragedies contained brilliantly composed descriptive passages—the narration of dreams, creating an emotional atmosphere of foreboding, the account of battles or disasters, evoking by their vivid realism pity and horror in the audience. As in Antiquity, where the authors exhibited their rhetorical training in the composition of their plays, so the sixteenth-century writers made full use of the copious instruction in rhetoric meted out to them in their colleges. No doubt they enjoyed the different exercises, such as *prosopopœia*, which enabled them to develop their rhetorical skill.[8] The tone and tempo is varied by the inclusion of scenes of political debate or moral discussion, often of substantial length. Throughout the tragedy the moral element is emphasised by frequent recourse to *sentences*,[9] marked by the use of inverted commas, and by the choral odes which frequently deal with general problems of human life. It is not always possible to discern a consistent moral outlook on the part of the author. For instance it is difficult to discover the 'meaning' of the *Cléopâtre captive* of Jodelle, and of Muret's and Grévin's tragedies about Caesar, and as for Montchrestien, his latest critic denies that he shows any consistent expression of a view of life.[10] On the other hand, a clear moral outlook is discernible in Jean de la Taille's *Saül le Furieux*, which

---

[8] The importance of rhetorical training is emphasised by R. Griffiths, *The dramatic technique of Antoine de Montchrestien. Rhetoric and style in the French Renaissance*, (O.U.P., 1970), p. 81 and *passim*.

[9] Latin *sententiae*—wise general sayings teaching truths about life. See below, p. 24–5.

[10] On Muret and Grévin see the Introduction to E. S. Ginsberg's edition of Grévin's *César* (Geneva, 1971); on Montchrestien see Griffiths, op. cit., p. 99.

deals with the fall from grace of God's Elect through sin, and in the irregular Protestant Biblical tragedies of Bèze and Des Masures.

Can a general moral outlook or a personal standpoint be deduced from Garnier's tragedies? First of all, it is immediately obvious that Garnier is absorbed, even obsessed, by the theme of war, especially civil war, which mirrors his country's turmoil. He usually, though not always, sees war as a punishment for the transgressions of an individual or of a whole people: in *Les Juifves* the seditious Jews, like the seditious French, have rebelled against monarchical authority; *Cornelie* sees the civil war which saps the power of Rome and destroys the virtues of its citizens as a consequence of Rome's original aggression against Carthage. Political themes are introduced into the plays not simply to provide respite from continuing emotional pressure, but because, presumably, these represented issues relevant to Garnier's age, just as they were relevant in Corneille's day. We find in the discussions many precepts for ideal kingship, in which the monarch ensures justice and the ordered functioning of society within a legal framework; contrasted with the ideal ruler is the man corrupted by power. Charlemagne in *Bradamante* is an ideal monarch; Nabuchodonosor in *Les Juifves* is a tyrant, while the triumvirs in the Roman plays have to some extent the vices of dictators.[11]

Moral responsibility finds, on the whole, a coherent exponent in Garnier. Although his characters often express a sense of helplessness in the face of destiny, and although Fortune and her wheel cannot be dismissed as a mere conventional figure, decoratively used, nevertheless Garnier appears to believe that a moral law prevails in the universe, that the gods are not indifferent or hostile to humanity, that they may reward virtue but will certainly punish any transgression of the moral law. When Garnier's characters are a prey to their passions and to the emotions caused by their sufferings they may see life in terms of Fortune and blind fate, or the malevolence of some god, but this is merely rhetorical lamenting. When they are reasoning about

[11] Garnier's position on the complex question of monarchy and his treatment of political themes is discussed by G. Jondorf in *Robert Garnier and the themes of political tragedy in the sixteenth century* (Cambridge, 1969).

the causes of their downfall they usually ascribe it very firmly to their own sins and faults.[12]

Hippolyte and *Marc Antoine* are tragedies which show the disastrous effects of the passion of love. The unhappy fates of Phèdre, Marc Antoine and Cléopâtre afford a moral lesson which for Garnier is all-important. Nevertheless it is clear that Garnier's sensibility led him to dwell with sympathy on the theme of love wherever he could introduce it and his characters express their passion with eloquence. But, since there was no precedent in ancient, Italian or French tragedy for scenes in which reciprocated love might be expressed, Garnier did not usually allow his lovers to meet. So, even in his tragicomedy, Roger and Bradamante have to proclaim their love in separate scenes and do not even speak to each other, and Marc Antoine and Cléopâtre never come face to face in life. So strong, however, was Garnier's impulse to write a love scene that in *Antigone* he actually wrote one—a tender and pathetic dialogue at the end of Act III, in which Hémon tries to comfort the sorrowing Antigone —a bold experiment at the time. Rotrou in his *Antigone* (1638) and Racine in *La Thébaïde* (1664) develop even further this love interest in their handling of the Antigone theme. Thus Garnier may perhaps be considered to have inaugurated the vogue for introducing love scenes into tragedy, a practice which was to be such a notable feature of the seventeenth century.

HIPPOLYTE (1573): SOURCES AND STRUCTURE

Garnier's play is one of the first adaptations of mythological tragedies in French. The only adaptations of Seneca before *Hippolyte* were the *Médée* of J. B. de la Péruse (probably represented in 1553 and certainly in 1572) and the translations of the *Agamemnon* published by C. Toutain in 1556 and by L. F. le Duchat in 1561. J.-A. de Baïf's adaptation of Sophocles's *Antigone* was published in 1573, the same year as *Hippolyte*.

The legend of the incestuous love of Phaedra for her stepson Hippolytus was dramatised in antiquity by Euripides (480–406

[12] Moral responsibility is affirmed both by Cléopâtre (ll. 475–82) and by Antoine (ll. 1136–69) in no uncertain terms.

B.C.) and Seneca (*c.* 4 B.C.–A.D. 65). Garnier certainly knew the version by Euripides, but he borrows only a couple of details,[1] and his play closely follows the Senecan version.

In Act I of Seneca's *Phaedra* Hippolytus, son of Theseus by the Amazon Antiope, gives orders to his attendants to organise a hunting expedition, and invokes Diana, goddess of the chase. Phaedra complains to her Nurse that her husband, Theseus, has deserted her and has descended to Hades to help Pirithoüs abduct Proserpine, wife of Pluto. She confesses that she herself is tortured by love for her stepson Hippolytus. The Nurse, horrified, exhorts her to resist this wicked love, considered incestuous by the ancients. At first Phaedra tries to justify her love, but finally she says she will kill herself. At this the Nurse, to save her beloved foster-child, promises to intercede with Hippolytus. In Act II the Nurse tries in vain to persuade Hippolytus to think of love and pleasure instead of the austere joys of solitude, celibacy and the chase. Phaedra herself then reveals her love to Hippolytus. When he repulses her with disgust, she begs him to kill her but he flees, leaving his sword in her hands. The Nurse immediately calls out to the chorus and attendants that Hippolytus has tried to violate Phaedra, and in Act III when Theseus returns from Hades Phaedra herself accuses Hippolytus to her husband. Theseus prays to Neptune for the destruction of his son. In Act IV a messenger reports to Theseus that a sea-monster, sent by Neptune, frightened the horses of Hippolytus, who perished, entangled in the traces of his chariot and dashed against the rocks. In Act V the body of Hippolytus is brought in and Phaedra mourns over him, confesses her crime to Theseus and commits suicide.

Although Garnier's play is clearly an adaptation of Seneca's *Phaedra* it is very far from being simply a translation. An attentive comparison of the two plays will show how complex is his method of imitation. Nearly all the material derives from Seneca, but it has been subjected to a thorough rearrangement. Sometimes Garnier follows his model closely, at other times he changes the order of scenes and speeches; sometimes he omits, shortens or amplifies; occasionally he transfers passages from one speaker to

----

[1] See below, p. 13 and p. 170, note on 1991 ff.

another. Lastly he substitutes his own choral odes for those of
Seneca, invents a new first act and a few extra scenes.[2]

Act I is entirely of Garnier's invention and consists of three
unrelated 'set pieces' in the manner of Seneca. The play opens
impressively with the appearance of the ghost Egée (Aegeus,
father of Theseus), an idea suggested by the appearance of the
ghost of Thyestes at the beginning of Seneca's *Agamemnon*. Egée's
monologue contains a sort of exposition and a prophecy, and it
adds a new element to the play for it shows Thésée as a guilty man
whose transgressions of the laws of the Gods have already brought
disaster on his family. It was Thésée's abduction of the daughters
of Minos which led to the death of his father, Egée, and it will be
his attempted abduction of Proserpine which will enrage the
Gods of the Lower World and add adultery, incest, and murder
to the misfortunes of his family. This focusing of guilt—a guilt
deriving from passion—on Thésée at the beginning balances the
play and leads forward to his suffering and repentance in Act V.
It also lessens in some measure the guilt of Phèdre, who considers
herself as a deserted wife. The second invented scene is also
a 'set piece'—the elaborate description by Hippolyte of his
ominous dream, and of certain sinister portents he has observed.
The act ends with the beautiful *Hunters' Chorus*, a prayer to Diana
which vividly evokes the joys of the chase and contrasts with the
sinister atmosphere of the dream.

Throughout the rest of the play Garnier follows Seneca's
Phaedra fairly closely. At the beginning of Act III he invents a
monologue by Phèdre and at the end of Act IV a monologue in
which the Nurse expresses her remorse and commits suicide. In
the course of the play there are minor changes and shifts of
emphasis. For instance Garnier makes much more of Phèdre's
plight as a wife neglected and indeed abandoned by an incurably
faithless husband. Her resentment is expressed with a marked use
of irony that is not in Seneca. She is thus more obviously an
injured spouse than Seneca's Phaedra. Finally it will be noticed
that Garnier softens and humanises his characters a little: Phèdre
in the last scene is more tender and remorseful, Thésée less
vindictive, more guilt-stricken, than in Seneca's version.

[2] For a detailed discussion of the sources of *Hippolyte* see Mouflard, III, *Les
Sources*, pp. 21–37.

The structure of *Hippolyte* appears to be more 'dramatic' than that of Garnier's other plays, but this is merely because Garnier is following Seneca. When left to himself, he invents in a 'non-dramatic' way, with a series of unrelated scenes (as in Act I) and he begins Act III by juxtaposing two almost unrelated monologues. In the first Phèdre movingly expresses her frustrated love for Hippolyte while in the second the Nurse describes with equal eloquence the feverish sufferings and demented behaviour of her unhappy mistress. Neither woman sees or addresses the other. These examples are very characteristic of Garnier's method of composition.

It will also be noticed that in this play, as in others, Garnier produces scenes where there is a maximum of pathos—as when, at the end, Phèdre drops tears on the body of Hippolyte, kneels, clasps him in her arms, imploring his pardon and kissing him farewell. When she kills herself it is across his body that she falls, and there she lies while the chorus sing their ritual lament over both victims, the guilty and the innocent.

As in Seneca's *Phaedra* the unities of time and place are observed. The action takes place outside the Palace of Thésée. There is possibly an altar to Diana on the stage. This is suggested by the prayer of the hunters (Act I), by the prayer of Phèdre (Act III), by the words of Hippolyte in Act III (1479–80)[3] and by the invocation of Thésée in Act V (2375). It is possible that an inner part of the Palace is required for the scene of Thésée's meeting with Phèdre (1657). The play starts just before dawn and the events take place in a day. To Seneca's chorus of Athenians Garnier adds a chorus of hunters (as in Euripides's *Hippolytus*), and in the last act a chorus of women. Nowhere does Garnier's chorus participate in the dialogue.

It is possible that Garnier's *Hippolyte* was performed in his lifetime. It is recorded that a play entitled *Hippolyte* was performed in public by the pupils of the Grammar School of Saint-Maixent in July 1576, and this may well have been Garnier's play. *Hippolyte* as well as *Les Juifves* and *La Troade* were included in the *répertoire* of Adrien Talmy's company of actors in 1594.[4]

---

[3] Figures in round brackets refer to line numbers.

[4] Mouflard, II, *L'Œuvre*, pp. 258–60; R. Lebègue, 'Répertoire d'une troupe française à la fin du XVIe siècle', in *Revue d'histoire du théâtre*, 1948.

MARC ANTOINE (1578): SOURCES AND STRUCTURE

In the sixteenth century much interest was shown in the story of
Antony and Cleopatra. In Italy a full-length biography, Count
Giulio Landi's *Vita di Cleopatra* (Venice, 1551) and three regular
tragedies appeared: G.-B. Giraldi Cinthio's *Cleopatra tragedia*,
written about 1541 for Duke Ercole II d'Este and performed at
his court; *Cleopatra* by Cesare de' Cesari (Venice, 1552) which
Jodelle may have imitated for his *Cléopâtre captive* (performed in
1553); and Celso Pistorelli's *Marcantonio e Cleopatra* (Verona,
1576). These Italian tragedies show much the same characteristics
as the French tragedies of the time. It cannot be proved that
Garnier was indebted to any of his Italian predecessors. Giraldi
Cinthio's play, which has many points of similarity with *Marc
Antoine*, was not published until 1583. Garnier may have read
Jodelle's *Didon se sacrifiant* as is suggested by a passage in the last
scene of *Marc Antoine*.[1] We may thus assume that he had read
Jodelle's *Cléopâtre captive*, which, like *Didon*, appeared posthum-
ously in his *Œuvres* in 1574.

Jodelle's plot is simple, his subject being the last day in
Cléopâtre's life. In Act I the Ghost of Antoine appears and
summons Cléopâtre to join him in the shades. The Queen, having
seen Antoine in a dream, reproaches herself for having caused
his ruin and death, and decides to die in spite of the protests of
Charmium and Eras. In Act II the victorious Octavian discusses
with Agrippe and Proculée how best to secure the Queen alive for
his triumph. In Act III Cléopâtre begs Octavian's pardon, hands
over her treasure and receives his promise that she and her
children shall live. In Act IV Cléopâtre reveals that having
secured her children's lives she is now free to die. With Charmium
and Eras she laments over Antoine's tomb and performs the last
rites. In Act V Proculée describes to the Chorus how Cléopâtre
was found dead in her royal robes upon a bed of gold, with her
ladies, one dead, the other dying. Throughout the play the
Chorus of Alexandrian women add their lamentations in lengthy
choral odes.

As Garnier tells us in his *Argument*, his sources are Plutarch's

[1] See below, p. 176, note on 1952-9.

Life of Antony and Dio Cassius's *Roman History*, LI. A few details also come from Appian's *Civil Wars*. A close perusal of the allusions in *Marc Antoine* will show that Garnier has indeed paid minute attention to the account of Plutarch, which provides much of the material for the monologue of Antoine, for his dialogue with Lucile and for the discussions of César and Agrippe. There is evidence here and there in the text that Garnier used the French translation of Jacques Amyot, probably in the edition of 1565 or that of 1567.[2]

The structure of *Marc Antoine* is typical of the methods of sixteenth-century dramatists. We see no attempt to create what we regard as a well-knit dramatic action. Presumably the subject is supposed to concern the death of Antoine, but the play could best be described as a series of loosely connected scenes, showing characters in situations representing different facets of the consequences of the battle of Actium. The main characters do not meet, they do not communicate, there is no visible conflict, no clash of wills. The audience sees the lovers suffering the consequences of previous actions: they are represented in a passive, not an active state. They are moreover presented at a time when they are helpless victims. No action is possible, except to die. The emphasis on helpless suffering is reinforced by the odes sung by the chorus of Egyptians. These loosely connected scenes, consisting of finely written monologues, laments and debates, give a poetic but largely static representation of the feelings of Antony and Cleopatra as they face calamity. The play is arranged in self-contained units. Acts I and III feature Antoine, Acts II and V Cléopâtre, and Act IV Octave César. Act III follows the same pattern as Act II: a monologue on personal sufferings followed by two debates—in Act II on Fate and responsibility and on loyalty and expediency; in Act III on Fate and responsibility and on the evils caused by passion in the individual and in the ruler. Acts II and III form two quite separate compartments with no communication: for example, at the end of Act II Cléopâtre orders a message to be sent to Antoine to say that she is dead. At the end of Act III Antoine decides to redeem his disgrace by a courageous death: he has obviously not yet received the report of Cléopâtre's death which is later to be the real motive for his suicide. Act IV,

[2] See below p. 19 and p. 171, note on 94.

again a self-contained unit, has three separate component parts,
a historical review of the career of Antoine from the Roman
point of view, a moral and political debate on clemency and
severity, and an elaborate Messenger's speech. Act V may be
called operatic in technique, containing lengthy arias, touching
spectacles and a moving finale. In addition the tragedy has two
other isolated 'set-pieces', a lament on the destinies of conquered
Egypt by Philostrate and a eulogy of Cléopâtre by her secretary
Diomède.[3] It is true that all these separate elements derive from
Antoine's defeat, but they can hardly be said to form a plot in
any but a sixteenth-century sense of the word. All that we can say
in conclusion is that this is how Garnier chose to compose his
tragedy, and we may notice at the same time that this is exactly
how the three Italian playwrights and Jodelle chose to treat the
theme before him, and Nicolas de Montreux[4] and Samuel
Daniel[5] after him.

Garnier simultaneously achieves unity of time and action very
neatly by making his tragedy end as Cléopâtre and her women
lament over Antoine's dead body: the action, then, concerns the
downfall and death of Antoine on the day César entered
Alexandria, that is on 1 August, 30 B.C. Perhaps it is for this
reason that in his *Argument* he makes no mention of any event
after the death of Antoine. At this point, a problem arises about
the events of Act V. We can interpret the last scene in two ways:
either the play ends in a historically and chronologically plausible
way with Cléopâtre mourning and swooning over the body of
Antoine who has just died of his wound in the Monument, a
highly effective, pathetic ending. Or, as the language suggests
but does not make absolutely clear, Cléopâtre and her ladies, as
they say *Or mourons*, take poison, or apply the asps, and actually
die a few moments later, Cléopâtre falling over the body of her
lover with the same symbolism that Garnier has already used for
the death of Phèdre, and which he will use for the reported death
of Hémon in *Antigone*. If Cléopâtre does indeed die, as everything
in the scene seems to suggest, then Garnier has very clearly

---

[3] See below, p. 115 and p. 128.

[4] Montreux, N. de, ... *Œuvre de la chasteté* ... *ensemble la tragédie de Cléopâtre* ... (Paris, 1595).

[5] Samuel Daniel's *Tragedie of Cleopatra* was first published in London in 1594.

telescoped events. The historians tell us that several weeks elapsed after Antony's death: he was given a magnificent burial, then Cleopatra tried to starve herself to death (a proceeding which requires time); next, she had an interview with Octavian, and some days later was allowed to pay a farewell visit to Antony's tomb before leaving for Rome, and took the opportunity to commit suicide. However one interprets the last scene one can say that Garnier has left enough ambiguity to avoid falsifying history in too obvious a manner.

Garnier does not achieve strict unity of place in *Marc Antoine*. Acts I, II and III take place in the Palace or Palace courtyard. Act IV is clearly set in Octave César's camp outside Alexandria, as the following remarks show: Dircet: *De la ville je sors avecque ceste espee* (1673); Agrippe: *Entrons dedans la ville* (1690). The whole of Act V takes place in the Monument: Cléopâtre: *En ce larval sepulchre où je me fais enclorre* (1813); *en ces tombeaux reclus* (1907). These words prove that it must be there that she says farewell to her children and that she swoons or dies over the body of Antoine.

Garnier has again introduced more than one chorus. His manipulation of the choruses helps to confirm the impression that the play is staged in three different places. The chorus of Alexandrians is present only when the action is taking place in the Palace. It accompanies Antoine in Acts I and III, it is present in Act II first with Philostrate and then with Cléopâtre, who 'goes in' to the presumably adjacent Monument after she has told Diomède to report her death to Antoine. In Act IV it is absent and Octave César is accompanied by a chorus of Roman soldiers. In Act V which takes place in the Monument the chorus is understandably absent.

It is possible that *Marc Antoine* was performed in the year of its publication. There is evidence that a play called *La tragedie de Marc Antoine et Cleopatre* was staged at Saint-Maixent in May, 1578, although we cannot be certain that it was Garnier's play.[6] We have, in fact, hardly any information about the performance of Garnier's tragedies.

Garnier's treatment of his historical characters is interesting. He does not reproduce the diversity of Plutarch's characters, or the complexity of their relationship, which later fascinated and

[6] Mouflard, II, *L'Œuvre*, p. 259.

inspired Shakespeare. Nevertheless, he uses Plutarch to give a sympathetic analysis of Antoine's state of mind, and ascribes to him varied and conflicting emotions: shame at his treachery towards Rome; anger at himself; bitter disillusionment with Cléopâtre which is nevertheless powerless to extinguish his love; Garnier even invents the torments of jealousy. It is a plausible reconstruction of his feelings in defeat.

With Cléopâtre's character and feelings Garnier has certainly taken liberties. Instead of Plutarch's calculating, ambitious queen, Garnier presents her as an essentially noble woman, who has come to grief only through her intense and excessive passion for Antoine, her husband, to whom she owes absolute fidelity (410, 555, 588, 651–2). Garnier makes her actions before and during the battle of Actium excusable: she was jealous (465–6); she was afraid (449–56). She takes all the blame and accuses herself remorsefully (452, 468, 1797); she refuses to try to save herself (619ff., 735ff.). She sends the false report of her death not for the reason insinuated by Dio Cassius (to induce Antoine to commit suicide), but merely to try to revive his love (673ff.). She intends to die, but wishes to learn that he still loves her. Garnier thus falsifies history to make of his Cléopâtre an almost guiltless victim. At the same time he is careful to make it clear that her fate is an *exemplum* of the disastrous effects of excessive passion, not only to herself, but also, as Philostrate sadly points out, to the whole Egyptian people (279–80).

Antoine is even more an *exemplum* of the effects of passion. His infatuation for Cléopâtre is regarded as a form of madness both by himself: *cette amour insensée* (916ff.) and by others: *ses folles amours* (1395, 1443); a love that is contrary to reason (81, 1139, 1159, 1172, etc.). It is a passion that enslaves the will (16, 31ff., 1219). Philostrate compares Antoine's infatuation, in its dire results, to the criminal passion that caused the sack of Troy (279–96). Condemnation of this passion is implied by the violence and ugliness of the imagery used in association with it (120–1, 140, 293, 1153ff.). The metaphors of *poison*, *peste* and *venin* are often used (82, 112, 293, 1148, 1158, 1178) and passion is associated with the Furies, guilt, and death. Antoine is miserably conscious that his love has brought him shame and dishonour: it has 'unmanned' him, as Shakespeare puts it (12,

65ff., 441ff., 932–3, 1152, 1169). The shameful example of the hero Hercules, infatuated with Queen Omphale, disguised as a girl and besottedly spinning amongst her maidens is used by Lucile (1208ff.) as a symbol of the 'unmanning' of Antoine by love. It seems, in short, that Garnier's moral aim in *Marc Antoine* is to discredit passion totally.

At the same time we see in Garnier an involuntary sympathy with the lovers and a tendency to ennoble and dignify their love, an ambivalent attitude seen in most authors who treat the theme, including Shakespeare himself.

LANGUAGE, VERSIFICATION AND STYLE

LANGUAGE

Garnier's language shows no marked idiosyncrasies, but is characteristic of usage in the latter part of the sixteenth century. We here indicate some salient features.

Vocabulary

Garnier's vocabulary is well-endowed, with some emphasis on certain fields which he favours for his imagery: war, sack and pillage, hunting, certain elements of nature, etc. The language is generally noble. The verb *empaqueta* (MA 1631), describing Marc Antoine being hauled up into the Monument, may to us sound rather undignified, but Garnier presumably found it vivid. It was in any case taken over from Plutarch's graphic account as translated by Amyot. Garnier uses neologisms chiefly in the field of adjective creation, in *-ier*, *-eux*, *-able*, particularly the two latter: e.g. *chambreuse* (MA 1221), *sepulturable* (MA 1797), *charognier* (MA variant after 1743). He also uses compound adjectives in the manner of Ronsard: *Aime-fonteines*, *porte-rets* (H 298), and compound verbs: *s'entre-aimer* (H 514). He creates *bavoler* (H 250, MA 631). Neologisms and words which have become obsolete or undergone semantic change, such as *perruque* which means *hair*, not *wig*, can be found in the glossary to this edition.

Orthography and pronunciation

The orthography of the plays is by no means consistent,[1] but

[1] See p. 31.

variations such as *traits*, *tréts* and *trets*, or *cuirasse* and *cuirace*, present no difficulties, neither does a difference from modern usage such as the graphy *ha* for *a* (3rd sing. *avoir*). Pronunciation cannot be known with certainty. The study of rhyme and metre suggests a few points.

Vowels and diphthongs: *o* is probably pronounced *ou*, since we find the rhyme *chose/espose* (H 1653–4); *eu* is probably *u*, since we find *feu/peu* (p.p. of *pouvoir*) (H 769–70) and *feu/esmeu* (MA 214 and 216); the diphthong *oi* was certainly *we*, as we have *fouët/avoit* (H 2089–90) and *soit/rouet* (MA 1122–3); other diphthongs are variable, for example we find that *moüelles* (H 447) is trisyllabic, whereas *moüelleux* (H 1231) is disyllabic, although both have the diæresis in the 1585 edition.

Consonants: palatal *n* seems to be weak: *malignes* rhymes with *poitrines* (H 1907 and 1910); final *r* is probably maintained in infinitives, since we find rhymes such as *cher/tacher* (H 845–6), *mer/abysmer* (MA 537–8); final *s* was possibly weakened, to judge from the rhyme *rassis/fils* (H 1835–6); with *ll*, pronunciation may differ from modern usage, as in *inutile/cheville* (MA 1764 and 1766).

Morphology

Certain older alternative verbal forms are found, e.g. *fu* for *fus* (H 463); *treuvent* for *trouvent* (H 583 and elsewhere); *portoy-je* for *portois-je* (MA 404); the imperatives *cour* for *cours* (H 1803) and *vy* for *vis* (MA 543). The older feminine form of the adjective *grand* is used, but with the spurious comma: *grand'rage* (H 2007). The gender of certain nouns differs from modern usage: *vray tige* (H 1114), *affaires humains* (H 1787), *un colere* (H 1958), *mon grand image* (MA 1958), *à pleins voiles* (MA 1469).

Syntax

Verb: Garnier is fond of the periphrastic present, or present of duration, formed nearly always with *aller*, but also with *être: le va deschirant* (H 218); *elle va cherissant* (MA 136); *je ne fusse … meurtrissant* (H 2194). In his use of infinitive constructions Garnier follows a common sixteenth-century trend which owes much to the influence of Latin. The infinitive stands in for all sorts of dependent clauses, relative, causal, etc.: *Aussi fut-ce la cause …/*

D'accourcir de mes ans la mortelle fusee (H 43–4); *J'ay meurtri mon enfant* ...| *Pour n'avoir pleu* ... (H 2321–2); *Bien d'elle je me plains de ne m'estre loyale* (MA 141); ... *que vous sceussiez ouvrir | Les secrets de mon cœur, sans vous les decouvrir* (H 1391–2); *Qui luy cause la mort sçachant bien ma presence?* (H 1649); *J'ay* ... *Cesar a la guerre incité | Vengeant l'injure* ... (MA 7–9). It will also be noted that this type of construction may involve a change of subject between the main and infinitival clauses. We also find the influence of Latin in such constructions as *Mais qui faits compagnons des Dieux | Nous exerce* ... (H 313–14), where the *faits compagons des Dieux* is a kind of ablative absolute. The agreement of verb and subject may be one of proximity rather than logic: ... *le soin et la rigueur honneste | Honore l'homme vieil* ... (H 1181–2). The agreement of the present participle is not necessarily as in modern French. We find *Ne voulans les grands Dieux* (H 65) and also ... *d'un tas de vices | Bourgeonnans aux citez* ... (H 1213–14). (It is interesting to note that in both cases the princeps edition agrees with modern usage, having *voulant* and *Bourgeonnant*.) The agreement of the past participle may likewise differ from modern usage: *La, les trionfes ont couverts | Nos Empereurs* ... (MA 1778–9). The past participle can also be found used purely adjectivally: *me mener trionfé* (MA 28), where we might expect the infinitive. The infinitive is found used as a noun, but rarely; and it need not have the article: *vouloir ne me prendra* (H 1280).

Adjective: The adjective is sometimes, but not often, used as a noun, as recommended in the *Deffence et Illustration de la Langue Francoyse:*[2] *Dans l'obscur des forests* (H 1165). Another Pleiade recommendation was the adjective used adverbially, and this Garnier adopts with enthusiasm: *Le ceinturant espois* (H 161); *Luy a, pitoyable, ravie* ... (MA 207). There are countless examples. The adjective, sometimes a noun used as an epithet, e.g. *Qu'espris de sa beaute, corsaire, il la ravit* (H 650), is thus frequently in apposition, and the effect is one of economy in expression. (One may compare for similar economy the gerundive for the gerund in *Quand on laisse mourant quelque regret de soy* (H 1704).) The agreement of the adjective with plural nouns is not necessarily made: ... *pleine | La poitrine et le cœur* ... (H 459–60). Garnier sometimes makes

[2] Du Bellay, *La Deffence et Illustration de la Langue Françoyse,* ed. Chamard, S.T.F.M. (Paris 1948), ii, ch. ix, p. 160.

prepositional constructions with adjectives by analogy: *glouton de l'appas* (H 47).

Pronoun: When the position of the pronoun differs from modern usage, it is characteristic of sixteenth-century practice: *L'on t'en ira gesner* (H 122); *Et le va de malheurs contre moy variant* (MA 971). The pronoun may be omitted: *Et sans peine et destresse irois ...* (H 2357); ... *que vous donniez* (vous vous donniez) (H 1695); *A cœur saoul me voitray* (MA 1154).

Negatives: As is common in the sixteenth century, Garnier sometimes omits *pas* or *point*. There are, however, just as many if not more instances of the full negative, *pas* or *point* often being very effective at a metrically stressed syllable. There is an instance of a double negative: ... *plus que vous ne croiriez pas* (H 1344).

VERSIFICATION

For the dialogue Garnier uses the alexandrine in rhyming couplets, with strict alternance of masculine and feminine; for the choruses a variety of lyric forms. The alexandrine is generally of the classical pattern with a cæsura at the hemistich and ancillary *coupes*, and occasionally the cæsura is displaced, including *coupes ternaires*. There is frequent use of *enjambement*, giving vigour to the style, skilfully highlighting sense and sound, and preventing monotony in long speeches. Attentive study will show that Garnier's handling of the alexandrine is subtle and expressive.

Elision of feminine *e*, a bending of the rules to suit poetic diction of the kind commended by Ronsard,[3] may be noted: *comme ell' luy a tiré* (H 1074); *que je soy' massacré* (H 664); *ell' la vueille joindre* (MA 722). (Compare the elision of *e* in *grand'*, already noted.) *Thesé* alternates with *Thesee*, according to the exigencies of rhyme and metre.

There are instances of feminine *e* having its full quantitative value in a way that would not be found in, say, Racine: *Ains*

[3] See the *Avertissement au Lecteur* (1550): '...ôtant une lettre d'un mot, ou la lui adjoutant, pour faire ma rime plus sonoreuse ou parfaite...', *Œuvres Complètes*, ed. Laumonier, S.T.F.M. (Paris, 1973 reprint), I, p. 54. Compare: 'Quant tu mangerois l'o, & l'u pour la necessité de tes vers il n'y auroit point de mal, à la mode des Italiens ou plustost des Grecs, qui se servent des voyelles, & diftongues, comme il leur plaist & selon leur necessité.' *De l'art Poëtique Francois*, Laumonier (Paris, 1949), XIV, p. 19.

voulurent (que c'est des vengences celestes!) (H 67); *Perdues par sa fraude: et mes vaisseaux ...* (MA 890). However, in the years that elapsed between *Hippolyte* and *Marc Antoine* Garnier seems to have become stricter in his alexandrine in this respect.

Another elision worth noting is Ronsard's form *N'avous* (H 967).

The chorus metres in *Marc Antoine* are more varied than those of *Hippolyte*, though greater variety does not necessarily mean greater lyricism. In *Hippolyte* the choruses at the end of the first four acts are in octosyllabics: two have 6-line stanzas (end Act II, end Act IV) with an identical rhyme pattern, mmfmmf; a third (end Act I) is of 12 lines, fmmfmffmfmfm; the fourth is a *huitain* (end Act III), ffmmfmfm. The 12-line stanza has only 8 strophes, the shorter forms vary in the number of strophes, but tend to a greater number: 17 at the end of Act II, 11 at the end of Act III, 11 at the end of Act IV, 12 for the intercalary ode in Act V. This ode is the only chorus which is heterometric, 6664, ffmm.

In *Marc Antoine* three of the five choruses are in octosyllabics. At the end of Act I and the end of Act IV there are 8-line stanzas, but with different rhyme schemes, fmfmfmfm and ffmmfmfm respectively. The other chorus in octosyllabics (end Act III) is a *sizain*, ffmffm. At the end of Act II Garnier uses a 7-syllable line, and an 11-line stanza, fmfmfmmfmfm, for 11 strophes. Within Act II there is a heterometric chorus, 886886, rhyming mmfmmf. There are 11 strophes but the division is sometimes formal rather than logical since the end of a strophe does not necessarily correspond with a full stop.

This point might cause doubt as to whether the choruses were meant to be sung. There is no decisive evidence either way.[4] All one can say is that since in all cases the metrical pattern is identical throughout the chorus, they could have been set to music.

Garnier's rhymes, for both the alexandrine and lyric forms, are more often than not rich, but never over-elaborate. There are occasionally homonymic rhymes, but not of the *Grand Rhétoriqueur* type. Garnier's rhymes are rarely other than precise: *propre/approbre* (H 1461–2) and *vieille/vueille* (H 1705–6) seem imprecise, but the uncertainty about pronunciation dictates caution over criticism.

[4] In spite of M. M. Mouflard's suggestion, II, *L'Œuvre*, p. 417 and I, *La Vie*, pp. 117ff.

STYLE

Garnier's is not in any way a purely derivative style, but one can discern certain influences. Seneca inspires the declamatory speeches full of rhetorical devices, the stichomythic exchanges where antithesis and repetition point the opposing ideas or attitudes, and also the use of *sentences*. To Ronsard and the Pléiade belong the modes of expression of lyric poetry, including Petrarchism and the manner of the Latin elegiac poets, and also the use of euphonious language. Garnier's modifications to his *princeps* texts indicate that he is concerned not only with greater clarity but also with what Du Bellay calls 'prudence et mesure des oreilles: dont le jugement est tréssuperbe'.[5] From the Classics directly and also indirectly through the Pléiade comes the taste for intensive use of mythological allusion, and also the lyric expressiveness and variety of the choral odes.

Since it is generally agreed that sixteenth-century tragedy was meant to move the reader or hearer and give a moral message, and since Garnier's tragedies were no exception to this, it is obvious that their main ingredients are elegiac or dramatic lyricism on the one hand, and dialectic on the other. The dialectic is less rich poetically, but can be very effective in dramatic impact, as for example in Phèdre's discussion with the nurse in Act II as to whether her love for her stepson can be reconciled with moral rectitude and divine justice. Similarly in *Marc Antoine* Cléopâtre's exchanges with her women on the subject of death in Act II, or those of César with Agrippe in Act IV on the merits of severity versus clemency, help to exploit a dramatic situation. These stichomythic exchanges, with their symmetry and insistent rhythmic parallelism, may seem artificial to us, but they create dramatic tension and the confrontation which on a wider scale is lacking. The *sentences*, whether in the long speeches or the shorter exchanges, were intended to bring home the moral lesson, and should be judged in the light of that aim. Generally they are detachable, if relevant, insertions in the speech. Sometimes substantial portions of a chorus may be offered as *sentences*,

[5] See *La Deffence et Illustration*, ed. Chamard, II, ch. xx, p. 167. Cf. II, ch. vii, where Du Bellay says of rhyme, 'Elle ne contentera moins l'oreille qu'une bien armonieuse musique tombante en un bon et parfait accord', p. 146.

for example the end of Act III of *Hippolyte* or the end of Act I
of *Marc Antoine*, where the repetitions and inversions give melan-
choly weight to the assertion that human life is so harried by
changes and chances that it is not worth living. Sentences in the
choruses in fact often have as their theme that inherited common-
place in sixteenth-century literature, the transience of human
life and fortunes, and one might argue that this is their most
effective mode of use in Garnier.

The dramatic and emotive impact of the non-dialectical
writing is achieved by means of various figures and rhetorical
techniques, of which no comprehensive account can be given in
this introduction. The influence of training in rhetoric from
schooldays onwards should be remembered.[6] The long speeches
are to some extent 'set-piece' creations, often variations upon the
theme of lament for past glories extinguished by present misfortune, with bitter regret for the way in which the character's
own behaviour has made disaster inevitable.

Marc Antoine's speech at the beginning of the play is a fine
example of such a 'set-piece', as is also Cléopâtre's speech at the
end, with each lamenting the ruin, personal and public, to which
the couple's ill-fated love has led. The four and a half page long
opening speech of Marc Antoine not only has an expository
function, but also serves to move the hearers at the sight and sound
of his despair and regret at the extreme deprivation to which his
passion for Cléopâtre has brought him. Emotional identification
with Marc Antoine is at once achieved by the rhetoric of the
opening lines: the repetition of *Puisque*, the powerful movement
of climax as he enumerates all the forces arrayed against him,
above all the queen whom he idolises and who he thinks has
betrayed him, a movement culminating in the use of the cæsural
pause in line 7 to stress the stark decision *Il me convient mourir*.[7]
Throughout the account of his besotted attachment to Cléopâtre,
Marc Antoine keeps returning to the fact that she is his worst,
indeed his only triumphant enemy:

[6] The illuminating study by R. Griffiths, *The Dramatic Technique in Antoine de
Montchrestien* (O.U.P., 1970), offers interesting comparisons.

[7] This speech provides a good example of changes for the better in the 1585
version. Before that there was much less breadth of movement. See the variant
lines 5–12, p. 1.

> Toy seule, Cleopatre, as trionfé de moy,
> Toy seule as ma franchise asservy sous ta loy,
> Toy seule m'as vaincu, m'as domté... (31–3)

and the repetition of *Toy seule* conveys the obsessive preoccupation with the woman who has enthralled his mind and heart. The chiasmus and the repeated dental consonants in line 135 suggest the anger and pain at the betrayal he thinks she has wantonly made:

> Helas! c'est Cleopatre, helas! helas! c'est elle.
> C'est elle qui te rend ta peine plus cruelle,
> Trahissant ton amour, ta vie trahissant. (133–5)[8]

The structure and expression of Cléopâtre's final speech are also masterly. The grief-stricken queen invokes Venus by names which exploit an incantatory magic akin to that of Racine:

> O Deesse adoree en Cypre et Amathonte,
> Paphienne Venus à nos desastres pronte. (1928–9)

From the point when she expresses the bitter joy of dying to be with Marc Antoine, the references to bodily expressions of her anguish build up to a great climax, enhanced rather than deflected by her moment of wistful longing to be with him *sous les cyprés des rives escartees* (1972). The importance of the visual for Garnier cannot be highly enough emphasised.[9]

We can see from these speeches that repetition is one of Garnier's most reliable means of creating an emotional climax. This can be seen also in the speech made by Philostrate in Act II of *Marc Antoine*, where repetitions convey the ruin, desolation and total vulnerability of the Egyptian people. There are also special kinds of repetition used with telling effect by Garnier: the invocations and imprecations with which his characters bewail their lot (as for example, H 985–9 or MA 1792–8); or the use of *adunaton*

---

[8] Once again it is instructive to compare the variants to lines 134 and 135 and note the improvement of the substituted pronouns and possessive adjectives, See p. 113.

[9] Similar characteristics can be found in the death scene of Phèdre. Other examples of 'set-piece' rhetoric which may be noted are Hippolyte's account of his dream when he makes his entrance in Act I, and the Messenger's speech describing Hippolyte's death in the final act.

(for example, H 1281–3, MA 533–8). Such Senecan rhetoric can seem to us exaggerated, and liable to impede rather than enhance dramatic urgency: see, for example, the rhetorical questions, direct and indirect, with which Phèdre (H 852–5) or Thésée (H 2347–8) debate with insistent detail the manner in which they will choose to die.

Other rhetorical figures deserving of brief mention are alliteration: *ces genoux privez de chair et de chaleur* (H 41), *Il fuyoit son forfait* (MA 60); paradox: *qui lumineux esteins* (H 151), *le nombre innombrable* (MA 682); and chiasmus: *En vain il se travaille, il se tourmente en vain* (H 581) and the already quoted *Trahissant ton amour, ta vie trahissant* (MA 135).

One of the most striking features of Garnier's poetic style is his use of epithets. Hardly a noun is left unqualified. The constant use of this device holds the danger of monotony, and it must be admitted that Garnier does not always avoid it. However, his use of the significant epithet can be very telling: as well as the *mechant destin* or the *estouffant licol*, we have Phèdre, who has defended her love for Hippolyte against the nurse, giving way and saying that she will overcome it by seeking death, following her *desiré mary* (H 848). A world of irony and resignation is conveyed by that *desiré*. Seneca had simply *virum sequamur*.

Garnier uses that form of periphrasis recommended by Du Bellay, antonomasia, though not with indiscreet ubiquity; for example, *les noires Sœurs* (H 85) or *le jazard Daulien oiseau* (MA 336). This kind of allusion can at times require for its elucidation a more than superficial knowledge of classical mythology, but Garnier of course, like so many writers of his day, sees erudition as a way of achieving a noble style and an extra dimension of meaning. Since the story of *Hippolyte* comes from classical mythology there are naturally many classical allusions within the text. Perhaps surprisingly, there are far more in *Marc Antoine*, as if Garnier wished to ennoble his historical subject by all the wealth of classical scholarship he could muster.

Garnier's appreciation of Ronsard can be seen in the general handling of metrical form. It can also be sensed in the occasional echo of a Ronsardian cadence: *une grand'playe* (H 2260), compared with *navré d'une grand'playe* in Ronsard's *Hinne de la Mort*, or *Ont jusqu'au trespas fondé leurs seigneuries* (H 96) with *Cœur ton sujet, lieu de ta seigneurie,* in the *Amours de Cassandre.* There is an interesting mutation of imagery in

> Tourment qui te joindra plus estroit qu'un lierre
> Ne joint estroittement les murailles qu'il serre.   (H 107–8)

Ronsard's *lierre/vigne/ormeau* imagery comes immediately to mind, but Garnier is talking not of voluptuous love but the stranglehold of guilt.

The imagery is attuned to the tragic world Garnier is depicting. He goes naturally to the phenomena of nature or human nature which are pathetic, terrifying, sinister, cruel or repulsive. Marc Antoine is like a pig wallowing in the mire (MA 121, 1153–4); passionate, sensual love is worse than wolves in the fold, frost on grapes, rain on ripe fruit (MA 1197–9), it is a bird-snarer, *ce gluant amour* (H 729), it is a furnace, a fiery brand (H 1140–2, MA 56, 693, 915), it is like the fire which runs through old buildings (H 1399–1406). The verbs used by Garnier to describe love suggest its cruelty and extreme physical impact: *ribler, forcener, ravager* (H 112). The effects of remorse or pity are also expressed in violent terms: *tenailles, serpens* (H 1893–4), *angoisses ... cuisantes* (MA 1913). Hippolyte in his dream is like a chicken torn apart by a hawk (H 216–17), and as he meets his dreadful death he is like a snail leaving its viscous track on a twisted branch (H 2121–2). These images are clearly meant to heighten by their graphic precision the impact of the spectacle.[10] Only occasionally is the imagery gentler, and even then it is turned to pathetic effect, as when Phèdre speaks touchingly of Hippolyte's life as a lovely flower destroyed before the riches of its sweetness have been released (H 2241–2). Generally comparisons drawn from nature illustrate some undesirable fact: Cléopâtre, if she deserted Marc Antoine, would be like the migratory birds or the little flies buzzing above the vats just as long as the wine is fermenting (MA 627, 631–2); Thesée lashed by the Furies will be like corn beaten down by hail (H 116).

It may be remarked that whereas Garnier uses proportionately more similes than metaphors in *Hippolyte* (and when he takes over a Senecan simile will expand it, e.g. H 1399–1406), in

---

[10] The nature of his images qualifies Garnier for inclusion among the 'baroque' writers. See D. Frick, *Robert Garnier als Barocker Dichter* (Zürich, 1951).

Marc Antoine there are more metaphors than similes, and the latter are no longer dwelt on to an extent which can make them seem decorative rather than functional. This shift should not be given undue emphasis, but the greater economy makes for a more dramatic style.

Garnier hardly ever mentions colours. Pallor and darkness are the main elements of his palette.

We have said that Garnier's is a highly *visual* style.[11] It should not, however, be forgotten that he also possesses the gift without which the poet has not the essence of his art: he appeals through the ear to something beyond analytical reasoning or pictorialisation. The musical use of classical names and the incantatory effect of repeated invocations is easily recognised. There are also lines where analysing the order of vowels and consonants and the placing of stresses still does not explain why the cadences linger after the words have been spoken and the immediate dramatic context forgotten; such lines as *Nostre ennemy vainqueur est au port et aux portes* (MA 265), or *Me laissant miserable icy seule à jamais* (H 589), or the haunting references to the owl:

> Depuis quatre ou cinq nuicts le Hibou n'a jamais
> Cessé de lamenter au haut de ce palais (H 239-40)   and
> Où le mortel Hibou lamente incessamment (H 2368)

which strike such a lingeringly plangent note. Racine surely appreciated the poetry of this predecessor whose *Hippolyte* he certainly read, and the rest of whose plays it is unlikely he ignored.[12]

THE TEXT

Editions in Garnier's lifetime of the two plays were as follows:

Hippolyte, Tragedie de Robert Garnier, Conseiller du Roy au siege Presidial et Senechaussee du Maine, A Messeigneurs de Rambouillet. Paris, de l'imprimerie de Robert Estienne, 1573, in-8.

[11] See above, p. 26.

[12] See *Hippolyte*, lines 423-5, 653, 657-8, 665-6, and possibly 395-6, for the strands which Racine wove into *Ariane, ma sœur! De quel amour blessée, | Vous mourûtes aux bords ou vous fûtes laissée!* (*Phèdre*, 253-4). One may also compare line 449 of *Phèdre* with line 811 of *Hippolyte*; and possibly line 690 of *Phèdre* draws upon lines 398-401 of *Hippolyte*.

Marc Antoine, Tragedie par Rob. Garnier, Conseiller du Roy et de Monseigneur Frere unique de sa Majesté, Lieutenant general Criminel au siege Presidial et Senechaussee du Mayne. A Monseigneur de Pibrac. Paris, par Mamert Patisson, au logis de Robert Estienne, 1578, in-8.

In the collective editions:

Les Tragedies de Robert Garnier, Conseiller du Roy et de Monseigneur frere unique de sa Majesté, Lieutenant general Criminel au siege presidial et senechaussee du Maine. *Nouvellement reveues et corrigees.* Paris, Mamert Patisson, au logis de Robert Estienne, 1580, in-12.

Les Tragedies de Rob. Garnier, Conseiller du Roy et de Monseigneur Frere unique de sa Majesté, Lieutenant general Criminel au siege Presidial et Senechausee du Maine. Au Roy de France et de Poloigne. Paris, Mamert Patisson, 1582, in-12.

Les tragedies de Robert Garnier, Conseiller du Roy, Lieutenant general Criminel au Siege Presidial et Senechausee du Maine. Paris, Mamert Patisson, Imprimeur du Roy, chez Robert Estienne, 1585, in-12.

Les Tragedies de Robert Garnier, Conseiller du Roy, Lieutenant general Criminel au siege Presidial et Senechaussee du Maine. Au Roy de France et de Poloigne. A Tholose, par Pierre Jagourt, 1588, in-12.

Copies consulted are as follows:

Hippolyte, Paris, Bibliothèque Nationale Yf. 3899, 3953. London, British Museum, 11737.a.15. Manchester University Library, Special Collection, 842-37, B 25 (1).

Marc Antoine, Paris, Bibliothèque Nationale, Yf. 340. London, British Museum, 11737.a.14

Les Tragedies ... , 1580, Paris Arsenal, Rf 1242. London, British Museum, 11737.aa.31. Manchester University Library, Spec. Coll. 842.37, A2.

Les Tragedies ... , 1582, Paris, Arsenal, Rf 1244, Rés.

Les Tragedies ... , 1585, Paris, Bibliothèque Nationale, Rés. Yf. 2959; Arsenal, 8° BL 52589.
London, British Museum, 1073.d.6.

Les Tragedies ... , 1588, Paris, Bibliothèque Nationale, 8° Yf. 1461.
The text upon which this edition is based is that of 1585, the

most mature and correct version we have which was published while the author was alive. The 1588 Toulouse edition is full of errors, and it was unlikely that Garnier had the oversight of it, whereas it is clear that he supervised the production of the 1585 edition. Some changes from the *princeps* text were made in the earlier collective editions, and a substantial number in 1585. It can be seen, by comparing the 1585 text with the variants, that these changes were invariably for the better.

The reference key letters are H for the *princeps* of *Hippolyte*, M for the *princeps* of *Marc Antoine*, R for the 1580 collective edition, X for the 1582 collective edition, and Y for the 1585 collective edition.

The use of *j* and *v* for consonantal *i* and *u* has been adopted, but otherwise the sixteenth-century orthography, whose vagaries and inconsistencies may be as much due to the publisher as to the writer, have been left untouched, and accentuation has not been modernised. The punctuation has, however, been modernised; although where it could be assumed, possibly, that the punctuation represented dramatic intentions (a comma for a steady, pressing pace, a colon for a pause) an attempt has been made to respect the possible intention.

The paragraphing of 1585 has been respected[1] because it can be reasonably argued that it is an aid to appreciation of the structure: a glance at Marc Antoine's first speech will show that the paragraphs mark the phases of his devotion to duty and his neglect of it, for example.

Also the inverted commas marking out the *sentences* have been retained. There is no reason why the modern reader should not, like his sixteenth-century counterpart, have his attention drawn by this means to the moral and didactic element which for Garnier, as for other dramatists of the time, was an integral part of the total dramatic conception.

An asterisk in the text indicates the presence of a note, to be found under the appropriate line number between pages 167–76.

[1] The modern edition by Pinvert has abolished it completely. See Garnier, R., *Œuvres Complètes*, ed. L. Pinvert (Paris, 1923).

SELECT BIBLIOGRAPHY

EDITIONS OF GARNIER
(For sixteenth-century editions see *Introduction*, p. 30)

Garnier, R., *Les Tragédies*, ed. W. Foerster (Heilbronn, 1882–3).

Garnier, R., *Œuvres complètes*, ed. L. Pinvert (Paris, 1923).

Garnier, R., *Œuvres complètes*, ed. R. Lebègue, *Les Juives, Bradamante, Poésies diverses* (Paris, 1949); *La Troade, Antigone* (Paris, 1952); *Porcie, Cornelie* (Paris, 1973).

Garnier, R., *Hippolyte*, ed. D. B. Wilson (Scolar Students' Facsimiles), (Menston, Yorkshire, 1971).

BOOKS AND ARTICLES ON GARNIER

Bernage, M. S., *Etude sur Robert Garnier* (Paris, 1880).

Chardon, H., *Robert Garnier: sa vie, ses poésies inédites avec son véritable portrait et un facsimile de sa signature* (Paris and Le Mans, 1905).

Frick, D., *Robert Garnier als barocker Dichter* (Zürich, 1951).

Gras, M., *Robert Garnier. Son art et sa méthode* (*Travaux d'Humanisme et Renaissance*, LXXII), (Geneva, 1965).

Gourcuff, O. de, *Un ami de Ronsard. Robert Garnier* (Limoges, 1924).

Kahnt, P., *Der Gedankenkreis der Sentenzen in Jodelles und Garniers Tragödien und Senecas Einfluss auf denselben* (Marburg, 1887).

Körner, P., *Der Versbau Robert Garniers* (Berlin, 1894).

Jondorf, G., *Robert Garnier and the themes of political tragedy in the sixteenth century* (Cambridge, 1969).

Mouflard, M. M., *Robert Garnier 1545–90*, 3 vols., I, *La Vie* (La Ferté-Bernard, 1961), II, *L'Œuvre* (La Roche-sur-Yon, 1963), III, *Les Sources* (La Roche-sur-Yon, 1964).

Mourgues, Odette de, 'L'*Hippolyte* de Garnier et l'*Hippolytus* de Sénèque' in *The French Renaissance and its Heritage. Essays presented to Alan Boase*, ed. D. R. Haggis and others (London, 1968).

Mysing, O., *Robert Garnier und die antike Tragödie* (Leipzig, 1891).

Searles, C., 'The stageability of Garnier's tragedies' in *Modern Language Notes*, XXII.

OTHER RENAISSANCE DRAMATIC LITERATURE

Balmas, E., *Un poeta del Rinascimento francese: Etienne Jodelle. La sua vita—Il suo tempo* (Florence, 1962).

Charlton, H. B., *The Senecan Tradition in Renaissance tragedy* (Manchester, 1946; first published 1921).

Darmesteter, A. and Hatzfeldt A., *Le seizième siècle en France. Tableau de la littérature et de la langue* (Paris, 1878).

Faguet, E., *La tragédie française au seizième siècle (1550-1600)* (Paris, 1883).

Griffiths, R., *The dramatic technique of Antoine de Montchrestien. Rhetoric and Style in French Renaissance tragedy* (Oxford, 1970).

Jodelle, E., *Cléopâtre captive*, critical edition by L. B. Ellis (Philadelphia, 1946). (Other editions in *Ancien théâtre français* and by C. Marty-Laveaux and E. Balmas in *Œuvres*.)

Lanson, G., *Esquisse d'une histoire de la tragédie française* (New York, 1920).

La Taille, Jean de, *Dramatic Works*, ed. K. M. Hall and C. N. Smith (London, 1972).

Lawton, H. W., *Handbook of French Renaissance Dramatic Theory* (Manchester, 1949).

Lebègue, R., *La Tragédie religieuse en France (1514-79)* (Paris, 1929). *La tragédie française de la Renaissance* (Brussels, 1944).

Lebègue, R., 'La représentation des tragédies au XVIe siècle' in *Mélanges Chamard*, ed. R. L. Graeme Ritchie (Cambridge, 1951).

Lebègue, R., 'Tableau de la tragédie française de 1573 à 1610' in *Bibliothèque d'Humanisme et Renaissance* (1944).

Loukovitch, K., *La Tragédie religieuse classique en France* (Paris, 1933).

Rigal, E., *Le Théâtre français avant la période classique* (Paris, 1901).

LANGUAGE AND VERSIFICATION

Brunot, F., *Histoire de la langue française des origines à 1900*, tome II, *Le seizième siècle* (Paris, 1905).

Catach, N., *L'Orthographe française à l'époque de la Renaissance* (Geneva, 1968).

Cotgrave, R., *A dictionary of the French and English tongues* (London, 1611).

Gougenheim, G., *Grammaire de la langue française du seizième siècle* (Lyon, 1951).

Grammont, M., *Le Vers français, ses moyens d'expression, son harmonie* (Paris, 1937).

Huguet, E., *Dictionnaire de la langue française du seizième siècle* (Paris, 1925-).

Kastner, L. E., *A history of French Versification* (Oxford, 1903).

Martinon, P., *Les Strophes* (Paris, 1912).

Thurot, C., *De la prononciation française depuis le commencement du seizième siècle d'après les témoignages des grammairiens* (Paris, 1881-3).

HIPPOLYTE
TRAGEDIE

A MESSEIGNEURS DE RAMBOUILLET*

Nostre France a de tout temps produit une belle Noblesse et valeureuse pour le service de son Roy: et encores en nourrist une en cest heureux siecle, qui surpasse avantageusement l'honneur de ses devanciers. Si est-ce qu'en l'abondance d'une si vertueuse 4
nourriture, elle ne se peut vanter d'une plus genereuse race et de plus digne recommandation à la posterité que la vostre, Messeigneurs, qui, outre le rang que vous tenez, perpetué d'une presque eternelle suite de nobles ancestres, faites tant reluire de 8
vertus en vous, que les moindres donnent plus d'admiration que d'esperance d'imitation. Je m'efforceroy de les chanter aussi volontiers qu'elles sont dignes de passer jusques à vos neveux, si je ne doutoy que mon affection trop ardente entrast en folle 12
presomption, succombant sous le faix d'un si digne sujet. Je ne sçay (et me pardonne la France) s'il se trouvera encores maison de vostre qualité, où les lettres s'appareillent si bien au sanglant exercice de Mars, et où la generosité d'un brave et magnanime 16
cœur reçoive en telle concordance le paisible esbat des livres. De là vient l'estroit et indissoluble lien qui vous unist d'amitié, conduisant sous un seul vouloir un nombre de tres-vertueux seigneurs: comme si une seule ame vous animoit tous ensemble, 20
bien que composez de diverses façons et habitudes. C'est pourquoy, ores que je ne fusse, ce que je suis, tres-devôt serviteur de vos seigneuries, je ne pense toutefois estre par trop hors de raison

8–9 H reluire en vous de vertus
10 H d'imitation en exemplarité.
11–12 H nepveux surpris d'esbahissement de les entendre: si je ne doubtoy
17–20 HRX ...esbat des livres. De là vient l'estroict et indissoluble lien de vostre fraternité, qui donne tant d'estonnement à ce Royaume, conduisant soubs un seul vouloir, tout un nombre de tresvertueux seigneurs ...
21–22 HRX C'est pourquoy, Messeigneurs, ores
22 HRX ce que par obligation je suis

24 de vous faire present à tous de ce seul mien ouvrage; qui, encores
que je l'eusse consacré en particulier à l'un de vous, n'eust laissé
d'appartenir à tous egalement, tant est individue et inseparable
vostre fraternelle affection. Je ne m'excuseray point de l'humilité
28 de l'ouvrage, sçachant que vostre bonté ne refusera Hippolyte,
comme trop indigne de se presenter à vous, apres qu'il aura
testifié qu'il vient et vous est adressé de la sincere devotion de
moy, à qui vous a pleu faire cest honneur de donner accez en vos
32 bonnes graces, et qui, en recognoissance de telle faveur, et du
plaisir que je ressentiray que vous l'ayez eu agreable, renforceray
le tres-affectionné desir que j'ay, Messeigneurs, de vous faire à
tout jamais tres-humble service.

Vostre perpetuel serviteur,
Rob. Garnier.

[Amongst the complimentary 'liminary' poems by Garnier's
friends is the following sonnet by Ronsard]

Il me souvient, GARNIER, que je prestay la main
Quand ta Muse accoucha; je le veux faire encore:
Le Parrain bien souvent par l'enfant se decore,
Par l'enfant bien souvent s'honore le Parrain.   4

Ton ouvrage, GARNIER, Tragique et souverain,
Qui Fils, Parrain ensemble et toute France honore,
Fera voller ton nom du Scythe jusqu'au More,
Plus dur contre les ans que marbre ny qu'airain.   8

Resjouy toy, mon Loir, ta gloire est infinie,
Huyne et Sarte, tes sœurs te feront compagnie,
Faisant GARNIER, BELLEAU et RONSARD estimer,   11

Trois fleuves qu'Apollon en trois esprits assemble.
Quand trois fleuves, GARNIER, se degorgent ensemble,
Bien qu'ils ne soyent pas grands, font une grande mer.   14

P. DE RONSARD.*

26–27 HRX inseparable la fraternelle affection de vos debonnairetez.
33–34 HRX renforceray (s'il se peut faire) le tres-affectionné

ARGUMENT*

Thesee, fils d'Egee, Roy des Atheniens, retourné de l'isle de
Crete, espousa en secondes nopces Phedre, fille de Minos, qui en
estoit Roy. Il fut requis par Pirithois, son singulier amy, de
l'accompagner à l'entreprise qu'il avoit faite de descendre aux   4
enfers, pour enlever Proserpine. Ce que luy ne voulant refuser
à un amy si cher, piqué aussi d'un magnanime desir d'achever
de belles et hazardeuses adventures, y devala avecques luy: où
s'estant mis en devoir d'executer leur violente intention, furent   8
saisis et arrestez par les satellites de Pluton. Ce pendant Phedre
devint esprise de l'amour d'Hippolyte, son fillâtre, et la rage de
ceste passion gaigna tant sur elle, qu'il ne luy fut en fin possible
d'y plus resister: de façon que reduitte en toute extremité, et   12
despouillant toute honneste honte de son cœur, elle se descouvrit
à ce jeune seigneur, lequel (comme vertueux qu'il estoit, nourri
chastement au laborieux plaisir de la chasse, loin de la mollesse
et lasciveté des villes) la refusa severement, detestant un si   16
abominable desir. Dequoy elle extremement indignee, tournant
son premier amour en haine et fureur, se plaignit à son mary
(qui lors se trouva de retour des enfers) de l'outrage qu'elle dist
luy avoir esté faict en son honneur par Hippolyte, son fils. A quoy   20
cest homme credule ayant facilement adjousté foy, transporté
d'une juste douleur et d'un ardent desir de vengence, pria le
Dieu Neptune, son ayeul, de le faire mourir, ce que Neptune
soudainement executa. Car il fit à l'instant sortir un grand   24
monstre de mer, qui, se presentant devant les chevaux d'Hippolyte, les effroya tellement que quelque devoir qu'il sceust faire
pour les arrester, ils gravirent à travers les rochers prochains, et
le renverserent de son char: et advint qu'en tombant, il s'enlaça   28
fortuitement, et ennoüa les jambes aux courroyes et liaces de

3 H Pendant lequel mariage il fut requis   4 HRX en une entreprise
5 H enfers, pour en tirer de force Proserpine, et l'enlever. Luy qui ne vouloit
    refuser chose du monde à un amy si cher
    RX enfers, pour en tirer de force Proserpine, et l'enlever. Ce que ne voulant
    refuser à un amy si cher   8 H en devoir ensemblément d'executer
23 H de faire tout à l'instant mourir sondit fils:
27 rochers] Y roches   HRX rochers.
28-9 H   advint de malheur qu'en tombant, il s'impliqua fortuitement
    RX advint de malheur qu'en tombant il s'enlaça fortuitement

l'attellement, en telle sorte que ne s'en estant peu depestrer, il fut miserablement trainé par ses chevaux à travers les rocs et buissons, dont le pauvre jeune Prince mourut. La nouvelle de sa   32 mort estant apportee en la ville d'Athenes, Phedre coupable en elle mesme de son innocente mort, et vaincue de pitié, avec l'amour qui se renouvela et rafraischit en son ame, decouvrit sa faulse accusation et la cause d'icelle à son mari, puis se tua sur le   36 corps trespassé de son amy.

[This summary of the action is in 1573, 1580 and 1582 followed by an ARGUMENT DES ACTES, of which the text is:

Au premier Acte est introduit en forme de prologue, l'Ombre d'Egee, lequel au retour de son fils du voyage de Crete, où il le pensoit avoir esté devoré du monstre Mi-taureau se precipita dedans la mer, qui à ceste cause fut appelee Egeane de son nom. Il predit les calamitez qui adviendront à son fils et à sa maison. Hippolyte parle puis apres, qui raconte un sien songe, dont il est (RX se sent) espouvanté. Au second, Phedre se plaint de son tourment. Sa Nourrice s'efforce de luy arracher ceste folle fantasie de l'esprit: mais voyant qu'elle deliberoit mourir pour guarir de (RX guarir ce mal) ce mal, change d'advis, & preferant sa vie à l'honneur, luy conseille de passer outre à ses desseins amoureux. Au troisiesme, la Nourrice aborde Hippolyte, et tasche de le divertir de sa maniere de vivre, comme trop laborieuse et sauvage, et lui conseille de s'esbatre aux douceurs de l'amour. Hippolyte luy contredit, blasmant l'oysiveté et mollesse effeminee des villes: ce qu'elle voyant, le fait arraisonner par Phedre mesme, qui aprés plusieurs involutions et ambiguitez de propos se decouvre pleinement à luy, le priant d'avoir compassion de son ardeur. Il deteste une si monstreuse affection, puis la laisse, bien coleré. Elle adonc s'advise avec sa Nourrice, de l'accuser de l'avoir prise par force: appelle au secours les Citoyens, et leur en fait une faulse plainte. Au quatriesme, Thesee retourne des Enfers, qui oyant ce tumulte en sa maison, importune la Nourrice, puis sa femme, de luy en declarer la cause: qui aprés plusieurs refus, comme contrainte, charge Hippolyte de luy avoir ravy son honneur. Dequoy luy extrememement enflambé, prie Neptune, qu'en luy gardant sa promesse (qui estoit de luy octroyer l'effect de trois telles demandes qu'il luy voudroit faire) il face mourir son fils. La Nourrice se tue de regret. Au cinquieme et dernier, un des serviteurs d'Hippolyte raconte sa mort, pour laquelle Phedre depassionnément attristee, par le remord de sa faute, se donne de l'espee dans le corps, et meurt. Thesee fait de grands regrets sur le corps mort d'Hippolyte, et finist la Catastrophe.]

ACTEURS

L'Ombre d'Egee	Thesee
Hippolyte	Messager
Phedre	Chœur de Chasseurs
Nourrice	Chœur d'Atheniens

HIPPOLYTE

ACTE PREMIER

Egee, Hippolyte*

L'Ombre d'Egee. Je sors de l'Acheron, d'où les ombres des morts
  Ne ressortent jamais couvertes de leurs corps;
  Je sors des champs ombreux, que le flambeau du monde
  Ne visite jamais courant sa course ronde;   4
  Ains une espoisse horreur, un solitaire effroy,
  Un air puant de souphre, un furieux aboy
  Du portier des Enfers, Cerbere à triple teste,
  Maint fantôme volant, mainte effroyable beste.   8
    Mais l'horrible sejour de cet antre odieux,
  De cet antre privé de la clairté des cieux,
  M'est cent et cent fois plus agreable, et encore
  Cent et cent autresfois, que toy, que je deplore,   12
  Ville Cecropienne,* et vous mes belles tours,
  D'où me precipitant je terminay mes jours.
    Vostre Pallas devoit, belliqueuse Deesse,
  Destourner ce mechef de vous, sa forteresse,   16
  Et, alme, vous garder d'encombreux accidens,
  Puis qu'elle a bien daigné se retirer dedans;
  Et, de plus en plus faicte à vostre bien proclive,
  Vous orner de son nom, et de sa belle olive.   20
    Mais quoy? c'est le destin, c'est ce mechant destin,
  Que mesme Jupiter, tant il luy est mutin,
  Ne sçauroit maistriser: Jupiter qui d'un foudre
  Qu'il lance de sa main peut tout broyer en poudre.   24
    Tandis que j'ay vescu, je t'ay veu, ma Cité,
  Tousjours porter au col une captivité:
  Non telle que l'on voit en une ville prise,
  Qu'un Roy victorieux humainement maistrise.   28

10 H antre bany
After 28, H has 4 extra lines:
         Subjugue à ses loix, sans luy estre cruel,
         Et luy rien exiger qu'un tribut annuel,

Mais en ta servitude, ô Athenes, le sort
Menaçoit tes enfans d'une cruelle mort;
Qui mis sous le hasard d'une ordonnance inique,
Entroyent l'an deux fois sept au logis Dedalique,*   32
Pour servir de pasture aux devorantes dens
Du monstre Mi-taureau qu'on nourrissoit dedans.
Et toymesme, Thesee, et toy ma geniture,
Pour qui, moy desja mort, la mort encore j'endure,   36
Ravy d'entre mes bras, le destin envieux
Te choisit pour viande à ce monstre odieux;
Ce monstre pour lequel ce poil gris, qui s'allonge
Espars dessus mes yeux, se dresse quand j'y songe;   40
Et ces genoux privez de chair et de chaleur,
Comme* genoux d'un mort, chancellent de douleur.
    Aussi fut-ce la cause, il t'en souvient, Thesee,
D'accourcir de mes ans la mortelle fusee;   44
Bien que le vueil des Dieux, propice à ton dessain,
Te sauvast du gosier de ce monstre inhumain,
Qui glouton de l'appas, que ta main cauteleuse
Jetta par pelottons dans sa gorge monstreuse,   48
S'abbatit au sommeil, te permettant plonger
Au travers de son cœur ton poignard estranger.
Ainsi tu te sauvas de sa felonne rage,
Puis suivant sagement l'advertissement sage   52
De ta bonne Ariadne, à la suitte d'un fil
Tu sors du labyrinthe au bastiment subtil.
"Mais ainsi qu'il advient que l'humaine nature
"Insatiable d'heur, convoite outre mesure,   56
"Et jamais ne s'arreste à mediocrité;
Non bien contant d'avoir ton malheur evité,
Tu brigandes Minos, et corsaire luy pilles
Avecque ses thresors ses deux plus cheres filles.   60
    De là tout le malheur, de là tout le mechef,
Qui ja, ja prest de cheoir penche dessur ton chef,
Prend source, mon Thesee, et de là la mort blesme

Qu'entre mille citez, la chetive vaincue,
Gemissant et pleurant, malgré soy contribue.

32 HRX Entroyent sept chasque annee
55 HRX "Mais comme de malheur nostre humaine nature

D'ailes noires vola jusques à mon cœur mesme: 64
Ne voulans les grands Dieux courroucez contre toy,
Te donner le plaisir d'essuyer mon esmoy:
Ains voulurent (que c'est des vengences celestes!)
Que tes heureuses naufs m'apparussent funestes,   68
Et que leurs voiles noirs, qui flotoyent oubliez,
Me fissent eslancer dans les flots repliez,
(Miserable tombeau de ma vieillesse agee!)
Et changeassent leur nom au nom de moy Egee.   72
"Les Dieux aiment justice, et poursuivent à mort
"L'homme mechant, qui fait à un autre homme tort.
"Ils tiennent le parti du foible qu'on oppresse,
"Et font cheoir l'oppresseur en leur main vengeresse.   76
   Thesee, helas! Thesee, aujourdhuy le soleil
Ne sçauroit voir malheur à ton malheur pareil:
L'enfer, bien que hideux et gesne de nous ombres,
N'ha pas en son enclos tant de mortels encombres,   80
Que je t'en voy, pauvre homme! hé, qu'il te falloit bien
Entreprendre d'aller au lict Plutonien,
Pour ravir nostre Royne! hé, qu'à la mauvaise heure
Tu entrepris forcer nostre palle demeure!   84
Ce fut pour Pirithois, à qui les noires Sœurs*
Font ja porter la peine ourdie aux ravisseurs,
Que si le bon secours du genereux Alcide,*
Ne t'eust ores tiré du creux Acherontide,   88
Tu eusses ton supplice aussi bien comme luy,
Pour avoir entrepris sur la couche d'autruy.
   Mais non, non, je voy bien, à fin que tu endures,
Pour ton mal perpetré, de plus aspres tortures,   92
Pluton gros de vengence, et de colere gros,
Te permet de revoir avecques ce heros
Ta fatale maison: maison, où les Furies
Ont jusqu'à ton trespas fondé leurs seigneuries.   96
   Tu y verras l'inceste, et le meurtre, et tousjours
Ton desastre croistra, comme croistront tes jours.
Tu occiras, meurtrier, ta propre geniture,
Puis l'adultere mort de ta femme parjure   100
Doublera tes ennuis, qui lentement mordans

70 H sur les flots

Te rongeront le cœur et le foye au dedans.
En fin quand ta langueur bien longuement trainee
D'une tardive mort se verra terminee,   104
Et que fuyant le ciel et les celestes Dieux
Tu penseras fuir ton tourment ennuyeux,
(Tourment qui te joindra plus estroit qu'un lierre
Ne joint estroittement les murailles qu'il serre)   108
Le severe Minos, et le cruel Pluton,
Tous deux tes outragez, hucheront Alecton,
Megere, Tisiphone, execrables bourrelles,
Pour ribler, forcener, ravager en tes moüelles,   112
T'élancer leurs serpens en cent plis renoüez,
T'ardre de leurs flambeaux, et de leurs rouges foüets,
Te battre dos et ventre, aussi dru que la gresle
Craquetant, bondissant, decoupe un espi gresle.   116
    Ja desja je te voy porter l'affliction
De quelque Promethee, ou de quelque Ixion,
D'un Tantale alteré, d'un remangé Titye,
D'un Typhon, d'un Sisyphe, et si l'horreur noircie   120
De Pluton garde encore un plus aspre tourment,
L'on t'en ira gesner perpetuellement.*
    Or je te plain sur tout, ma chere nourriture,
Et de mes ans vieillars la plus soigneuse cure,   124
Hippolyte, que j'aime autant que la vertu
Luist aimable en celuy qui s'en monstre vestu.
Las! je te voy meurtry par cette Minoïde,
(Si quelque bon Demon aujourdhuy ne te guide)   128
Par cette Phedre icy, dont mon fils ravisseur
Pour nostre commun mal accompagna sa sœur.
    Que pleust aux Immortels, qu'un tempesteux orage
Dés le port Gnossien* en eust faict le naufrage   132
Et que la mer mutine, enveloppant sa nef,
Eust abysmé dedans son impudique chef!
Tu vivrois, Hippolyte, et la mort violente
N'éteindroit aujourd'huy ta jeunesse innocente.   136
"Mais quoy? le sort est tel. L'inexorable Sort
"Ne se peut esbranler d'aucun humain effort.
"Quand il est arresté, mon enfant, que l'on **meure,**

127 H Las! meurtry je te voy

"On n'y peut reculer d'une minute d'heure.   140
Prens en gré ta fortune et fay que ton trespas
La gloire de ton sang ne deshonore pas.
Hippolyte. Ja l'aurore se leve, et Phebus qui la suit,
Vermeil fait recacher les flambeaux de la nuict.   144
Ja ses beaux limonniers commencent à respandre
Le jour aux animaux, qui ne font que l'attendre.
Ja les monts sourcilleux commencent à jaunir
Sous le char de ce Dieu qu'ils regardent venir.   148
O beau Soleil luisant, belle et claire planette,
Qui pousses tes rayons dedans la nuict brunette;
O grand Dieu perruquier, qui lumineux esteins
Me decharmant les yeux, l'horreur des songes vains,   152
Qui ores travailloyent durant cette nuict sombre
Mon esprit combatu d'un larmoyable encombre,
Je te salue, ô Pere, et resaluë encor,
Toy, ton char, tes chevaux, et tes beaux rayons d'or.   156
    Il me sembloit dormant, que j'erroy solitaire
Au creux d'une forest, mon esbat ordinaire;
Descendu dans un val, que mille arbres autour
Le ceinturant espois, privent de nostre jour.   160
Il y faisoit obscur,* mais non pas du tout comme
En une pleine nuict, qu'accompagne le somme;
Mais comme il fait au soir, apres que le soleil
A retiré de nous son visage vermeil;   164
Et qu'il relaisse encore une lueur qui semble
Estre ny jour ny nuict, mais tous les deux ensemble.
    Dedans ce val ombreux estoit à droicte main
Un antre plein de mousse, et de lambruche plein.   168
Où quatre de mes chiens entrerent d'avanture,
Quatre Molossiens de guerriere nature.
A grand peine ils estoyent à la gueule du creux,
Qu'il se vient presenter un grand Lion affreux,   172
Le plus fort et massif, le plus espouventable
Qui jamais hebergeast au Taure inhospitable.

142 HRX de tes ans   153 HRX Songes qui travailloyent
159 H C'estoit dedans   161 H Il y fait tenebreux
162 H En la pleine mi-nuict, où nous charme le somme
173 HRX Le plus espouventable, et le plus effroyable

Ses yeux estoyent de feu, qui flamboyent tout ainsi
Que deux larges tisons dans un air obscurci.   176
Son col gros et charnu, sa poitrine nerveuse,
S'enfloyent herissonnez d'une hure crineuse;
Sa gueulle estoit horrible, et horribles ses dents
Qui comme gros piquets apparoissoyent dedans.   180
    Mes chiens, bien que hardis si tost ne l'aviserent,
Que saisis de frayeur, dehors ils s'elancerent;
Accoururent vers moy, tremblant et pantelant,
Criant d'une voix foible, et comme s'adeulant.   184
Si tost que je les voy si esperdus, je tâche
De les rencourager; mais leur courage lâche
Ne se rassure point, et tant plus que je veux
Les en faire approcher, ils reculent peureux.   188
Comme un grand chef guerrier, qui voit ses gens en fuitte,
Et plusieurs gros scadrons d'ennemis à leur suitte;
A beau les enhorter, les prier, supplier
De retourner visage, et de se rallier;   192
A beau faire promesse, a beau donner menace,
C'est en vain ce qu'il fait: ils ont perdu l'audace,
Ils sont sourds et muets, et n'ont plus autre soing,
Que de haster le pas et de s'enfuir bien loing.   196
    J'empoigne mon espieu, dont le fer qui flamboye
Devant mon estomach, me decouvre la voye:
Je descens jusqu'au bord, où soudain j'apperçoy
Ce grand lion patu qui décoche sur moy,   200
Degorgeant un tel cry de sa gueule beante,
Que toute la forest en resonne tremblante,
Qu'Hymette en retentist, et que les rocs, qui sont
Au bord Thriasien,* en sourcillent le front.   204
Ferme je me roidis, adossé d'une souche,
Avancé d'une jambe, et à deux bras je couche
Droit à luy mon espieu, prest de luy traverser
La gorge ou l'estomach, s'il se cuide avancer.   208
Mais las! peu me servit cette brave asseurance!
Car luy, sans faire cas du fer que je luy lance,
Non plus que d'un festu que j'eusse eu dans la main,
Me l'arrache de force et le rompt tout soudain;   212

184 HRX voix casse   193 HRX beau faire menasse   200 HRX qui s'eslance

Me renverse sous luy, me trainace et me boule,
Aussi facilement qu'il eust faict d'une boule.

Ja ses griffes fondoyent dans mon estomach nu,
L'escartelant sous luy comme un poulet menu   216
Qu'un milan a ravy sous l'ælle de sa mere,
Et le va deschirant de sa griffe meurtriere;
Quand vaincu de tourment je jette un cry si haut,
Que j'en laisse mon songe, et m'éveille en sursaut,   220
Si froid et si tremblant, si glacé par la face,
Par les bras, par le corps, que je n'estoy que glace.

Je fu long temps ainsi dans mon lict estendu,
Regardant çà et là comme un homme esperdu,   224
Que l'esprit, la memoire, et le sens abandonne,
Qui ne sçait ce qu'il est, ne connoist plus personne,
Immobile, insensible, elourdé, qui n'ha plus
De pensement en luy, qui ne soit tout confus.   228

Mais, las! ce n'est encor tout ce qui m'espouvante,
Tout ce qui me chagrine et mon ame tourmente,
Ce n'est pas cela seul qui me fait tellement
Craindre je ne scay quoy de triste evenement!   232
J'ay le cœur trop hardy, pour estre faict la proye
D'un songe deceveur; cela seul ne m'effroye.
"Le songe ne doit pas estre cause d'ennuy,
"Tant foible est son pouvoir quand il n'y a que luy.   236
"Ce n'est qu'un vain semblant, qu'un fantôme, une image
"Qui nous trompe en dormant, et non pas un presage.
Depuis quatre ou cinq nuicts le Hibou n'a jamais
Cessé de lamenter au haut de ce palais,   240
Et mes chiens aussi tost qu'ils sont en leurs estables,
Comme loups par les bois, hurlent espouvantables:
Les tours de ce chasteau noircissent de corbeaux
Jour et nuict aperchez, sepulcraliers oiseaux,   244
Et n'en veulent partir, ores qu'on les dechasse,

213 H Me terrasse à ses pieds, me couche, et me saboule
214 HRX faict une boule   224 H Çà et là regardant
229 HRX Mais ce n'est pas encor
230 HRX Mais ce n'est pas encor tout ce qui me tourmente
231-2 HRX Ce n'est pas, ce n'est pas cela tant seulement
            Qui me fait presagir un triste evenement
234 HRX Si miserablement d'un songe qui m'effroye

Si ce n'est quand je sors pour aller à la chasse.
Car alors tous ensemble ils décampent des tours,
Et croassant sur moy m'accompagnent tousjours,   248
Bavolant çà et là, comme une espesse nuë,
Qui vogue parmy l'air, du Soleil soustenuë.

    J'ay faict ce que j'ay peu, à fin de destourner
Ce malheur menaçant, qui me vient estonner.   252
Quelles sortes de vœux, quelles sainctes manieres
D'appaiser les hauts Dieux, en leur faisant prieres,
N'ay-je encore esprouvé ? à qui des Immortels
N'ay-je d'un sacrifice échauffé les autels?   256
Et brief que n'ay-je fait pour aller à l'encontre
Des injures du ciel et de mon malencontre?
"Mais quoy? rien ne se change, on a beau faire vœux,
"On a beau immoler des centeines de bœufs,   260
"C'est en vain, c'est en vain: tout cela n'a puissance
"De faire revoquer la celeste ordonnance.

    Hier sacrifiant* à toy, pere Jupin,
Une blanche brebis, pour t'avoir plus benin;   264
Bien que mortellement elle fust entamee
Et qu'ardist autour d'elle une flambe allumee,
Bien qu'elle eust pieds et teste ensemblément liez,
Je la vis par trois fois dessur les quatre pieds,   268
Puis secouant son sang de mainte et mainte goutte,
M'en arrosa la face et l'ensanglanta toute.
Et encore, ô prodige! apres qu'on veit le feu
S'estre gloutonnement de son beau sang repeu,   272
Le prestre, contemplant le dedans de l'hostie,
N'y trouva point de foye en aucune partie.

    O Dieux, ô Dieux du ciel, qui avez soing de nous,
Et qui ne bruslez point d'un rigoureux courroux   276
Contre le genre humain: Dieux qui n'estes severes
Que pour nostre forfait, soyez-moy salutaires.

---

246 HRX Si ce n'est quelque fois, quand je sors à la chasse
247 HRX ils s'élancent   254 HRX et leur faire prieres   255 H N'ay-je pas
256 HRX Qu'est-ce que je n'ay fait   262 HRX De varier en rien
266 H flamme   268 HRX Se leva par trois fois
269 HRX Et secouant son sang qui sur l'autel degoutte
277 HRX Contre le sang

Conservez-moy, bons Dieux! et Toy que j'ay tousjours
En mes adversitez imploree à secours,   280
Amorty ces frayeurs qui me glacent les veines,
O Delienne,* et fay qu'elles demeurent vaines!
Recule tout desastre et accident mauvais
Loing de moy, ma Deesse, et loing de ce Palais.   284
*Chœur de Chasseurs.** Deesse fille de Latone,
 De Dele le bon-heur jumeau,
 Qui t'accompagnes d'un troupeau
 Que la Chasteté n'abandonne,   288
 Si les monts herissez de bois,
 Si le sein touffu d'une taille,
 Si les rocs à la dure escaille
 Te vont agreant quelque fois,   292
 Quand du front passant tes pucelles,
 L'arc et la trousse sur le dos,
 La trompe creuse à tes esselles,
 Tu vas chassant d'un pied dispos,   296
O montagneuse, ô bocagere,
 Aime-fonteines, porte-rets,
 Guide nos pas en tes forests,
 Apres quelque biche legere.   300
 Que si favoriser te chaut
 Nostre chasseresse entreprise,
 Nous t'appendrons de nostre prise
 La despouille en un chesne haut;   304
 Et de fleurs les temples couvertes,
 Sous l'arbre trois fois entouré,
 Les mains pleines de branches vertes,
 Chanterons ton nom adoré.   308
Heureuse nostre dure vie,
 Que la faim avare de l'or,
 La haine, ny l'amour encor
 N'ont à leurs poisons asservie,   312
 Mais qui faits compagnons des Dieux,
 Nous exerce à faire une queste,
 Ores d'un cerf branchu de teste,

283 HRX Recule tout prodige et tout signe mauvais
298 H Ayme-ruisseaux, hante-deserts

Ores d'un sanglier furieux,   316
Que tout expres produit Nature,
Pour servir d'esbat innocent,
Au creux d'une forest obscure,
A nous, qui les allons chassant.   320
Quel plaisir de voir par les landes,
Quand les mois tremblent refroidis,
Les cerfs faire leurs viandis,
Faute de gaignages, aux brandes?   324
Et recelez au plus profound
Des bois, chercher entre les hardes
De diverses bestes fuyardes,
L'abry du vent qui les morfond?   328
Puis si tost que l'an renouvelle,
A repos dedans leurs buissons,
Refaire une teste nouvelle,
Qui endurcist jusque aux moissons?   332
Adonc l'Amour, qui époinçonne
Toute creature à s'aimer,
Les fait du rut si fort bramer,
Que le bois d'autour en resonne.   336
Vous les verrez de grand courroux
Gratter de quatre pieds la terre,
Et d'une forcenante guerre
Se briser la teste de coups.   340
La biche regarde, peureuse,
Incertaine lequel sera,
Que la victoire imperieuse
Pour son mary luy baillera.   344
Lancez par les picqueurs, ils rusent,
Ores changeant, ores croisant,
Ore à l'escart se forpaisant
D'entre les meutes qu'ils abusent;   348
Ore ils cherchent de fort en fort
Les autres bestes qui les doutent,
Et de force en leur lieu les boutent,
Pour se garantir de la mort.   352
Là se tapissent contre terre,

338 HRX des quatre pieds

Les pieds, le nez, le ventre bas,
Mocquent les chiens qui vont grand erre,
Dependant vainement leurs pas.   356
Tandis nous voyons d'avanture
    Vermeiller dedans un pastis,
    Ou faire aux fraischeurs ses boutis
    Un Sanglier à l'horrible hure,   360
    Qu'une autre fois, armez d'espieux,
    Et de chiens compagnons fidelles,
    Malgré ses defenses cruelles,
    Nous combattons audacieux.   364
    Quelquefois d'une course viste
    Nous chassons les liévres soudains,
    Qui plus cauts meslent à leur fuite
    La ruse, pour frauder nos mains.   368
Quand le soir ferme la barriere
    Aux chevaux establez du jour,
    Et que toy, Diane, à ton tour
    Commences ta longue carriere;   372
    Comme les forests, ton soucy,
    Tu vas quittant à la Nuict brune,
    Pour reluire au ciel, belle Lune,
    Lassez nous les quitons aussi: 376
    Nous retournons chargez de proye,
    En nostre paisible maison,
    Où soupant d'une allegre joye,
    Devorons nostre venaison.   380

ACTE II

Phedre, Nourrice

Phedre. O Roine de la mer, Crete, mere des Dieux,*
    Qui as receu naissant le grand moteur des cieux,
    O la plus orgueilleuse et plus noble des isles,
    Qui as le front orné de cent fameuses villes;   384
    Demeure de Saturne, où les rivages torts
    Remparez de rochers s'ouvrent en mille ports,

385 HRX O terre de Saturne

En mille braves ports qui, caressez de l'onde,
Reçoivent des vaisseaux de toutes parts du monde: 388
Pourquoy, mon cher sejour, mon cher sejour, pourquoy
M'as-tu de toy bannie en eternel esmoy?
Las! pourquoy, ma patrie, as-tu voulu, cruelle,
Me faire cheoir és mains d'un amant infidelle?   392
D'un espoux desloyal qui, parjurant sa foy,
Adultere sans cesse et ne fait cas de moy?
Me laisse desolee, helas! helas! me laisse
Sur ce bord estranger, languissant de tristesse?   396
    O Dieux, qui de là haut voyez comme je suis,
Qui voyez mes douleurs, qui voyez mes ennuis:
Dieux, qui voyez mon mal, Dieux, qui voyez mes peines,
Dieux, qui voyez seicher mon sang dedans mes veines,   400
Et mon esprit rongé d'un eternel esmoy,
Bons dieux, grands Dieux du ciel, prenez pitié de moy!
Ouvrez, je vous supply, les prisons à mon ame,
Et mon corps renversez dessous la froide lame,   404
Pour finir mes langueurs qui recroistront tousjours,
Sans jamais prendre fin qu'en finissant mes jours.*
    L'espoir de ma santé n'est qu'en la tombe obscure;
Ma guarison n'est plus que d'une sepulture.   408
Parlé-je de mourir? hé, pauvrette! mon corps,
Mon corps ne meurt-il pas tous les jours mille morts?
Helas! helas! si fait: je ne suis plus en vie,
La vie que j'avoy m'est de douleur ravie.   412
Pour le moins, si je vis, je vis en endurant
Jour et nuict les dangers qu'on endure en mourant.
    O Phedre ! ô pauvre Phedre! hé! qu'à la mauvaise heure
Tu as abandonné ta natale demeure!   416
Qu'il t'eust bien mieux valu, pauvre Princesse, alors
Que tu te mis sur mer, perir de mille morts.
Qu'il t'eust bien mieux valu tomber dessous les ondes,
Et remplir l'estomac des phoques vagabondes,   420
Lors qu'à ton grand malheur une indiscrete amour
Te feit passer la mer sans espoir de retour.

387 H defendus de l'onde
401 HRX Qui voyez mes douleurs et mon mortel émoy
414 HRX les langueurs qu'on endure

Qu'il t'eust bien mieux valu, delaissee au rivage,
Comme fut Ariadne en une isle sauvage,   424
Ariadne ta sœur, errer seule en danger
Des lions Naxeans,* qui t'eussent peu manger,
Plustost qu'adoulouree, et de vivre assouvie
Trainer si longuement ton ennuyeuse vie;   428
Plustost, plustost que vivre en un eternel dueil,
Ne faisant jour et nuict qu'abayer au cerceuil.

Voila mon beau Thesé, qui, suivant sa coustume
D'estre instable en amours, d'un nouveau feu s'allume.   432
Voila qu'il m'abandonne, apres que le cruel
M'a faict abandonner mon sejour naturel;
Apres qu'il m'a ravie aux yeux de mon bon pere,
Et aux embrassemens de ma dolente mere,*   436
Fugitive, bannie, et qu'il a contenté
Son ardeur des plaisirs de ma virginité,
Il va, de Pirithois compagnon detestable,
Enlever de Pluton l'espouse venerable.   440
La terre leur est vile: ils vont chercher là bas,
Sur les rivages noirs, leurs amoureux esbas.
L'enfer qui n'est qu'horreur, qui n'est que toute rage,
Qu'encombre et que tourment, ne domte leur courage.   444

Mais soyent tant qu'ils voudront aux infernaux palus,
Ce n'est pas la douleur, qui me gesne le plus:
Un plus aspre tourment rampe dans mes moüelles,
Qui les va remplissant de passions cruelles.   448

Le repos de la nuict n'allege mes travaux,
Le somme Lethean n'amortist point mes maux,
Ma douleur se nourrist et croist tousjours plus forte.
Je brûle, miserable, et le feu que je porte   452
Enclos en mes poumons, soit de jour, ou de nuict,
De soir ou de matin, de plus en plus me cuit.
J'ay l'estomach plus chaud que n'est la chaude braise,
Dont les Cyclopes nus font rougir leur fournaise,   456
Quand au creux Etnean, à puissance de coups,
Ils forgent, renfrongnez, de Jupin le courroux.

Hé, bons Dieux! que feray-je? auray-je tousjours pleine
La poitrine et le cœur d'une si dure peine?   460

448 H Qui les va tenaillant   453 HRX soit de jour, soit de nuict

Souffriray-je tousjours? ô malheureux Amour!
Que maudite soit l'heure et maudit soit le jour,
Que je te fu sujette! ô quatre fois mauditte
La fleche, que tu pris dans les yeux d'Hippolyte;   464
D'Hippolyte que j'aime, et non pas seulement
Que j'aime, mais de qui j'enrage follement.
Nourrice. Ne verray-je jamais hors de vostre pensee,*
Cruelle s'affligeant, cette amour insensee?   468
Languirez-vous tousjours, race de Jupiter,
Sous ce monstre d'Amour, que vous deussiez domter?
Domtez-le, ma maistresse, et par cet acte insigne,
Monstrez-vous, je vous pry, de vostre Thesé digne.   472
Thesee est renommé par tout cet univers
Pour avoir combattu tant de monstres divers:
Et vous emporterez une pareille gloire,
Si de ce fier serpent vous avez la victoire.   476
"Amour est un serpent, un serpent voirement,
"Qui dedans nostre sein glisse si doucement
"Qu'à peine le sent-on: mais si l'on ne prend garde
"De luy boucher l'entree, et tant soit peu l'on tarde,   480
"Bien tost, privez d'espoir de tout guarison,
"Nous aurons nostre sang infect de sa poison;
"Et alors, (mais trop tard) cognoistrons nostre faute
"D'avoir laissé entrer une beste si caute.   484
Gardez-vous donc, Madame, et en vous efforçant,
De bonne heure estouffez cet Amour blandissant,
De peur qu'il s'enracine, et qu'apres on ne puisse,
Quand il sera trop fort, combatre sa malice.   488
"Celuy n'est plaint d'aucun qui obstiné ne veut
"Eviter son malheur, quand eviter le peut.
"Il faut prevoir son mal; on diroit estre beste
"Cil qui plaindroit le joug qu'il s'est mis sur la teste.   492
Phedre. Je suis preste tousjours de constamment souffrir
Tel hasard qu'aux bons Dieux il plaira de m'offrir.
Nourrice. "Ce n'est pas un hasard, s'il vient une infortune
"De nostre seule faute, et non de la fortune: 496
"Alors est-ce hasard, s'il nous eschet d'avoir

466 H mais duquel   484 HRX D'avoir souffert
495 une] Y un   HRX une infortune

"Quelque accident mauvais, que n'ayons peu prevoir.
Mais, las! vostre malheur vous est tout manifeste.
Phedre. J'ay bonne confiance en la faveur celeste.   500
Nourrice. Pensez-vous que les Dieux favorisent nos maux?
Phedre. Appellez-vous un mal mes amoureux travaux?
Nourrice. Non, ce n'est pas un mal, c'est un crime execrable,
    Un prodige, un forfaict qui n'ha point de semblable.   504
Phedre. O puissante Venus!
Nourrice.   Venus n'invoquez point.
Phedre. Las! Nourrice, pourquoy? c'est son fils qui me poind.
Nourrice. Un Dieu n'est point autheur d'un si vilain inceste.
Phedre. Il embrase mon cœur.
Nourrice.   Plustost il le deteste.   508
Phedre. Les Dieux ne sont faschez que l'on s'aime icy bas.
Nourrice. Les Dieux ne sont joyeux de nos salles esbats.
Phedre. Ils sont touchez d'amour, aussi bien que nous sommes.
Nourrice. Ils ne sont point touchez des passions des hommes. 512
Phedre. Et quoy? pour s'entre-aimer commet-on tant de mal?
Nourrice. Non pas pour s'entre-aimer d'un amour conjugal.
Phedre. L'amour ne se doit pas borner du mariage.
Nourrice. Ce ne seroit sans luy qu'une brutale rage.   516
Phedre. Nature ne nous fait esclaves d'un espoux.
Nourrice. Non, mais les saintes loix, qui sont faites pour nous.
Phedre. Les hommes, nos tyrans, violant la Nature,
    Nous contraignent porter cette ordonnance dure,   520
    Ce miserable joug, que ny ce que les flots
    Enferment d'escaillé, ny ce qui vole enclos
    Dans le vuide de l'air, ce qui loge aux campagnes,
    Aux ombreuses forests, aux pierreuses montagnes,   524
    De cruel, de bening, de sauvage, et privé,
    Plus libre qu'entre nous n'a jamais esprouvé.
    Là l'innocente amour s'exerce volontaire,
    Sans pallir sous les noms d'inceste et d'adultere,   528
    Sans crainte d'un mari, qui flambe de courroux
    Pour le moindre soupçon qu'ait son esprit jaloux.
        Et n'est-ce pas pitié qu'il faille que l'on aime
    A l'appetit d'un autre, et non pas de soymesme?   532
    "En ce monde il n'y a pire subjection,

533 HRX En ce monde n'y a

"Que de se voir contraindre en son affection.
Nourrice. Que dites-vous, Madame? est-ce une chose honneste
 D'ainsi vous abjecter aux façons d'une beste? 536
Phedre. Nourrice, je me plais en leurs libres amours.
Nourrice. Et quelle liberté n'avez-vous eu tousjours
 De vostre bon mari, qui vous prise et honore,
 Vous aime et vous cherist plus que soymesme encore? 540
Phedre. C'est pourquoy volontiers il est absent de moy.
Nourrice. Pirithois l'a contraint d'aller avecques soy:
 Puis qu'il avoit promis, il devoit ainsi faire.
 "Qui promet quelque chose, il y doit satisfaire. 544
Phedre. Mais il est chez Pluton pour violer son lict.
Nourrice. Il ne l'en faut blâmer, ce n'est pas son delict.
Phedre. "Ceux qui sont compagnons à faire un acte infame,
 "Sont compagnons aussi pour en recevoir blame. 548
Nourrice. Ce que Thesee a faict, il l'a faict pour autruy.
Phedre. Il en est d'autant plus punissable que luy.
Nourrice. Pirithois de sa Dame avoit l'ame embrasee.
Phedre. Cela luy sert d'excuse, et non pas à Thesee. 552
Nourrice. L'on parlera par tout d'un amy si parfaict.
Phedre. L'on parlera par tout d'un si malheureux faict.
Nourrice. Pluton l'avoit jadis à sa mere ravie.
Phedre. Si Pluton a mal-faict, y portent-ils envie? 556
Nourrice. Ils ne sont ravisseurs que sur un ravisseur.
Phedre. Pluton l'a prise à femme, et en est possesseur.
Nourrice. Mais à qui se plaindra Pluton de son offense?
Phedre. Il ne s'en plaindra pas, il en prendra vengence. 560
Nourrice. Thesé, qui, compagnon du grand Tirynthien,*
 A presque tout couru ce globe terrien,
 Qui a faict, indomté, tant de braves conquestes,
 Qui a tant combatu d'espouvantables bestes, 564
 Tant domté d'ennemis, tant de monstres desfaits,
 Tant meurtri de tyrans pour leurs injustes faicts,
 Aura peur volontiers des nocturnes encombres
 De Pluton, qui n'est Roy que de peureuses ombres. 568
Phedre. Mais les Démons qu'il a seront-ils trop peu forts

539-40 HRX   ... qui loyaument vous aime
   Vous **prise et** vous cherist plus qu'il ne faict soymesme
569 HRX Quoy? les Demons

Pour oser repousser ses outrageux efforts?
"Non, ma Nourrice, non. Les puissances humaines,
"Tant grandes qu'elles soyent, là bas demeurent vaines.   572
"Nul qui soit devalé sur le bord Stygieux
"N'est jamais remonté pour revoir les hauts cieux.
Nourrice. "Celuy, qui pour entrer a sceu forcer la porte,
  "La pourra reforcer quand il faudra qu'il sorte.   576
Phedre. "Il est aisé d'entrer dans le palle sejour,
  "La porte y est ouverte et ne clost nuit ne jour;
  "Mais qui veut ressortir de la salle profonde,
  "Pour revoir de rechef la clairté de ce monde,   580
  "En vain il se travaille, il se tourmente en vain,
  "Et tousjours se verra trompé de son dessain.
  Mais feignons qu'il eschappe, et que vif il se treuve
  Repassé par Charon deça le triste fleuve,   584
  Pensez-vous qu'il sejourne une seule saison
  Avec moy s'esbatant, paisible en sa maison;
  Ains qu'il n'aille aussi tost en quelque estrange terre
  Chercher, impatient, ou l'amour, ou la guerre,   588
  Me laissant miserable icy seule à jamais?
Nourrice. Il sera plus long temps avec vous desormais.
  Mais quoy qu'il vueille faire, et quoy que sa nature,
  Qui est de pourchasser tousjours quelque adventure,   592
  L'arrache de vos bras, pour le jetter bien loing;
  Quoy qu'il ne prenne pas de vous assez de soing,
  Et qu'il ne garde assez la foy de mariage,
  Rien ne vous est pourtant octroyé d'avantage,   596
  Pour cela ne devez vous dispenser d'avoir
  Tout autant de respect à vostre sainct devoir.
  "Le mal qu'un autre fait n'est pas cause vallable
  "De nous faire à l'envy commettre un mal semblable.   600
  "Le vice ne doit pas les hommes inciter
  "De le prendre à patron, à fin de l'imiter.
  Voyez-vous pas les Dieux nous estre debonnaires,*
  Bien qu'à les offenser nous soyons ordinaires?   604
  Voyez-vous pas le ciel perpetuer son cours,
  Et le luisant Phebus faire ses mesmes tours,
  Et n'estre d'un moment sa carriere plus lasche,

602 H tâchant de l'imiter

Bien que nostre mesfaict incessamment le fasche? 608
Car depuis que son oeil de luire commença,
Que ses premieres fleurs le Printemps amassa,
Que l'Esté nous donna ses despouilles premieres,
L'Automne vendangeur ses grappes vinotieres, 612
Et que l'Hyver glacé fist le premier amas,
Dessur son chef grison, de neige et de frimas,
Des malheureux humains les natures fautieres
Ont les Dieux courroucez en cent mille manieres: 616
Et toutesfois, bons Dieux, le ciel ne laisse pas
De disposer la terre à nostre humain repas.
Vous ne nous ostez point le Soleil ordinaire,
De qui l'œil nous nourrist, nous chauffe et nous esclaire. 620
Vous ne nous ostez point l'Esté ny le Printemps,
L'Automne ny l'Hyver: ils viennent en leur temps;
Seulement quelquefois, quand la monstreuse masse
Des freres Etneans, Titanienne race, 624
Entreprend de forcer le ciel Etherean,
Vous levez lors la main sur le champ Phlegrean,*
Et d'un foudre sonnant bouleversez les festes
D'Osse et de Pelion, sur leurs superbes testes. 628
"Jamais nos cruautez ne font les Dieux cruels.
"Si nous sommes meschans, pourtant ils ne sont tels:
"Si nous sommes ingrats à leur bonté suprême,
"Si nous les oublions, ils ne font pas de mesme: 632
"Ainçois le plus souvent que nous meritons bien
"D'estre punis, c'est lors qu'ils nous font plus de bien.
Et ne voyons nous pas qu'au lieu de nous atteindre
De leurs foudres bruyans, ils ne font que se feindre? 636
Et que le traict de feu, qui grondant, aboyant,
De tempeste et d'esclairs nous va tant effroyant,
Le plus souvent ne bat que les montagnes hautes,
Et non pas nous mechans, qui commettons les fautes? 640
Ainsi, Madame, ainsi vous ne devez laisser
Pour Thesé vostre espoux, qui vous peut offenser,

616 HRX Ont courroucé les Dieux
617–18 H vous ne laissez d'ouvrir
Le sein de nostre mere, à fin de nous nourrir
621 H ostez pas 634, 636 ils] Y il

D'avoir cher vostre honneur; et luy garder, loyale,
Jusqu'au pied du tombeau, vostre amour conjugale.   644
Phedre. Je ne sçauroy, Nourrice, et ne le dois aussi.
Aimeray-je celuy qui n'ha de moy souci?*
Qui n'ha que l'inconstance, et de qui la moüelle
S'enflamme incessamment de quelque amour nouvelle?   648
   Helene Ledeanne* aussi tost il ne veit,
Qu'espris de sa beauté, corsaire, il la ravit:
Depuis il eut au cœur, Hippolyte, ta mere,
Qu'il amena vainqueur d'une terre estrangere: 652
Puis, ô pauvre Ariadne, ô ma chetive sœur,
Tu pleus à cet ingrat, cet ingrat ravisseur,
Qui pour le bon loyer de l'avoir, pitoyable,
Sauvé du Mi-taureau, ce monstre abominable,   656
Sur le bord Naxean te laissa, l'inhumain,
Pour estre devoree, ou pour mourir de faim.
En fin mon mauvais sort me mit en sa puissance,
Pour gouter à mon tour sa legere inconstance.   660
Ores soulé de moy, possible aux sombres lieux
Il cherche une beauté qui ravisse ses yeux.
Que s'il en treuve aucune, et qu'elle luy agree,
Qu'attendé-je sinon que je soy' massacree   664
Comme fut Antiope,* ou qu'il me laisse au bord
Où il laissa ma sœur, pour y avoir la mort?
   Or allez me louer la loyauté des hommes:
Allez me les vanter. O folles que nous sommes,   668
O folles quatre fois, helas! nous les croyons,
Et sous leurs feints soupirs indiscrettes ployons.
Ils promettent assez qu'ils nous seront fidelles,
Et que leurs amitiez nous li'ront eternelles: 672
Mais, ô deloyauté, les faulsaires n'ont pas
Si tost nos simples cœurs surpris de leurs appas,
Si tost ils n'ont deceu nos credules pensees,
Que telles amitiez se perdent effacees,   676
Qu'ils nous vont dedaignant, se repentant d'avoir
Travaillé, langoureux, voulant nous decevoir.
Nourrice. Ostez de vostre esprit ceste rage jalouse,
Vous estes d'un grand Roy la cherissable espouse,   680

650 H il l'a.   662 H Cerche quelque beauté   672 H lieront

Le desir et la vie: il ne vous faut penser
Que jamais pour une autre il vous doive laisser.
Phedre. Il n'y a plus d'espoir, je n'y puis plus que faire;
Je porte dans les os mon cruel adversaire: 684
Il a forcé le mur, et planté l'estandart,
Malgré ma resistance, au plus haut du rampart.
Je suis en sa puissance, et quoy que je luy brasse,
Je ne puis, tant est fort, luy enlever la place.   688
Mes efforts tombent vains, et ne peut la raison
Me secourir maistresse; il la tient en prison.
Nourrice. Vous laissez-vous ainsi subjuguer, imbecile,*
A cette passion, de toutes la plus vile?   692
Voulez-vous diffamer vostre nom de mesfaits,
Et vaincre vostre mere en ses lubriques faicts?
Puis ne craignez-vous point un remors miserable,
Qui se viendra plonger en vostre esprit coupable,   696
Bourreau perpetuel, et qui joinct à vos os
Ne vous lairra jamais sommeiller en repos?
    Reprimez, je vous pry, cette ardeur malheureuse,
Reprimez cette Amour qui ard incestueuse   700
Autour de vos roignons: reprimez, reprimez
Avecques la raison ces desirs enflamez,
Qu'aucune nation tant barbare fut-elle,
Tant fut-elle à nos loix brutalement rebelle,   704
N'eut jamais en l'esprit: non les Getes espars,
Non les Scythes errans, cruels peuples de Mars,
Non les Sarmates durs, non le negeux Caucase,
Non le peuple qui boit dans les ondes de Phase.*   708
    Voulez-vous engendrer en vostre ventre infet
De vous et vostre fils un monstre contrefait?
Voulez-vous que la mere avec son enfant couche,
Flanc à flanc accouplez en une mesme couche?   712
    Or allez, hastez-vous, ne vous espargnez pas
Exercez vostre soul vos furieux esbats.
Que tardez-vous encor? pourquoy la salle ouverte
Du monstre, vostre frere, est si long temps deserte?   716
Et pourquoy ne se va vostre race estoffant
Des membres merveilleux de quelque enorme enfant?

697 H et joignant à vos os   699 HRX cet ardeur   700 HRX cet Amour

Les monstres trop long temps en vostre maison cessent,
Il vous faut efforcer que quelques uns y naissant.   720
Sus donq, mettez y peine. Et mais, quoy? n'est-ce pas,
O saincte Paphienne,* un merveillable cas,
Qu'autant de fois qu'Amour poindra de sa sagette
Le cœur enamouré d'une fille de Crete,   724
La terre autant de fois des prodiges verra,
Nature autant de fois de son cours sortira!
Phedre. Las! Nourrice, il est vray: mais je n'y puis que faire.
Je me travaille assez pour me cuider distraire   728
De ce gluant Amour, mais tousjours l'obstiné
Se colle plus estroit à mon cœur butiné.
Je ne sçaurois sortir libre de son cordage,
Ma chaste raison cede à sa forçante rage;   732
Tant il peut dessur nous, quand une fois son trait
Nous a troublé le sang de quelque beau pourtrait.
J'ay tousjours un combat de ces deux adversaires,
Qui s'entrevont heurtant de puissances contraires.   736
Ores cetuy-là gaigne, et ore cetuy-cy,
Cetuy-cy perd apres, cetuy-là perd aussi;
Maintenant la raison ha la force plus grande,
Maintenant la fureur plus forte me commande: 740
Mais tousjours à la fin Amour est le vaincueur,
Qui paisible du camp s'empare de mon cueur.
    Ainsi voit-on souvent une nef passagere
Au milieu de la mer, quand elle se colere,   744
Ne pouvoir aborder, tant un contraire vent
Seigneuriant les flots la bat par le devant.
Les nochers esperdus ont beau caler les voiles,
Ont beau courir au mast, le desarmer de toiles,   748
Ont beau coucher la rame, et de tout leur effort
Tâcher malgré le vent de se trainer au port,
Leur labeur n'y fait rien: la mugissante haleine
Du Nort qui les repousse, aneantist leur peine.   752
La nef court eslancee ou contre quelque banc,
Ou contre quelque roc, qui luy brise le flanc.
Ainsi cette fureur violente s'oppose
A ce que la raison salutaire propose,   756

746 RX l'abat par le devant

Et sous ce petit Dieu tyrannise mon cueur.
C'est ce Dieu, qui des Dieux et des hommes veinqueur,
Exerce son empire au ciel comme en la terre;
Qui ne craint point de faire à Jupiter la guerre, 760
Qui domte le Dieu Mars, ores qu'il soit d'armet,
De greve et de cuirace armé jusqu'au sommet;
Qui le Dieu forgeron brusle dans la poitrine
Au milieu de sa forge, où le foudre il affine: 764
Le pauvre Dieu Vulcan, qui tout estincelant
Aux fourneaux ensoulfrez travaille martelant,
Qui tousjours ha le front panché dans la fournaise,
Qui à bras decouverts va pincetant la braise, 768
Sans qu'il soit offensé de la force du feu,
De ces tisons d'Amour se defendre n'a peu.
Il brusle en l'estomac, et tout sueux s'estonne
Qu'en luy qui n'est que feu, cet autre feu s'entonne. 772
Nourrice. Voire on a feint Amour un redoutable Dieu,
Vagabond, qui ne loge en aucun certain lieu;
Il porte, comme oiseau, le dos empenné d'æles;
Il ha le beau carquois, qui luy pend aux escelles; 776
Il ha tousjours les yeux aveuglez d'un bandeau;
Il ha, comme un enfant, delicate la peau,
La chair tendre et douillette, et la perruque blonde
De cheveux frisotez, comme les plis d'une onde. 780
    Cyprine l'enfanta, qui sentit tost apres,
Blessee enragément, la rigueur de ses tréts.
Il guerroye un chacun. Car luy qui ne voit goute,
Du sang d'un Immortel aussi souvent degoute, 784
Que de quelqu'un de nous: aussi le traistre enfant
Est du ciel, de la terre et de ses eaux trionfant.
    Voila comment le vice en se flatant coupable,
Couvre son appetit d'une menteuse fable. 788
Voila comme excusant nos lubriques desirs,
Nous bastissons un Dieu forgeur de nos plaisirs,
Autheur de nostre honte, et n'avons peur qu'un foudre
Pour telle impieté nous broye tous en poudre. 792
"Quiconque s'orgueillit de sa prosperité,*
"Qui ne prend sa fortune avec sobrieté,
"Qui tombe de mollesse, et delicat, ne treuve

"Rien à son appetit que toute chose neuve;   796
"Qui ore en ses habits, ores en son manger,
"Ore en ses bastiments ne veut rien qu'estranger,
"Celuy le plus souvent en ses entrailles porte
"De l'amoureuse ardeur une pointe plus forte   800
"Que le pauvre commun, et son esprit troublé
"Va tousjours forcenant d'un desir dereglé.
"L'amour accoustumé luy desplaist trop vulgaire:
"Il veut s'ébatre d'un, qui ne soit ordinaire,   804
"Qui ne soit naturel, mais tout incestueux,
"Mais tout abominable, horrible et monstrueux.
"Tousjours, tousjours les grands ont leurs ames esprises,
"Ont leur cœur enflammé de choses non permises.   808
"Celuy qui peut beaucoup, veut encor plus pouvoir.
"Et cil qui ha beaucoup, veut encor plus avoir.
Mais qui vous flechira ce jeune homme inflechible?
Voyez-vous pas combien il est inaccessible?   812
Comme l'Amour il fuit, et l'amoureux lien?
Comme il vit solitaire en Amazonien?
Phedre. Je le suivray par tout, dans les forests ombreuses,
    Sur les coupeaux blanchis de neiges paresseuses,*   816
    Sur les rochers aigus bien qu'ils touchent les cieux,
    Au travers des sangliers les plus pernicieux.
Nourrice. Il fuira devant vous comme devant une Ourse,
    Qui tâche recouvrer ses petits à la course.   820
Phedre. Je ne croy pas cela d'une si grand'beauté.
Nourrice. Il est encor plus dur, ce n'est que cruauté.
Phedre. L'amour amollist tout, fust-ce un rocher sauvage.
Nourrice. Vous ouvrirez plustost un roc que son courage: 824
    Puis il s'ira cacher au profond des desers.
Phedre. Je le trouveray bien, et fust-il aux enfers;
    Fust-il où le Soleil au soir sa teste trempe,
    Fust-il où le matin il allume sa lampe.   828
Nourrice. Que vous dira Thesé, s'il retourne une fois?
Phedre. Mais moy, que luy diray-je, et à son Pirithois?
Nourrice. Et encor que dira vostre rigoureux pere?
Phedre. Qu'a-t-il dict à ma sœur? qu'a-t-il dict à ma mere? 832
Nourrice. Par ces cheveux grisons, tesmoins de mes vieux ans,
    Par ce crespe estomach, chargé de soings cuisans,

Par ce col recourbé, par ces cheres mamelles,
Que vous avez pressé de vos levres nouvelles,   836
Je vous supply, mon ame, et par ces tendres pleurs
Que j'espan de pitié, prevoyant vos malheurs;
Ma vie, mon souci, je vous pry à mains jointes,
Deracinez de vous ces amoureuses pointes;   840
Vueillez-vous, mon Amour, vous-mesme secourir.
"C'est presque guarison que de vouloir guarir.
Phedre. Or je n'ay pas encor despouillé toute honte.
Sus, mon cruel amour, il faut que l'on te domte.   844
Je sçay qui te vaincra; mon honneur m'est trop cher
Pour le laisser par toy si follement tacher.
La mort te combatra: sus, sus, il me faut suivre
Mon desiré mary, je suis lasse de vivre.   848
Nourrice. Las! mon cher nourriçon, n'ayez-pas ce propos!
Phedre. Non, non, je veux mourir, la mort est mon repos.
Il ne me reste plus qu'adviser la maniere;
Si je doy m'enferrer d'une dague meurtriere,   852
Si je doy m'estrangler d'un estouffant licol,
Ou sauter d'une tour et me briser le col.
Nourrice. Au secours, mes amis, au secours, elle est morte!
Je ne la puis sauver, je ne suis assez forte.   856
Phedre. Taisez-vous, ma nourrice.
Nourrice.   Et comment, ma douceur?
Et comment, ma mignonne? est-ce là le bon-heur
Que j'esperoy de vous? est-ce là la liesse
Que de vous attendoit ma tremblante vieillesse?   860
Laissez ce fol desir qui gaigne vos esprits.
Phedre. "Celuy qui de mourir a constant entrepris
"Ne peut estre empesché par aucun qu'il ne meure:
"Si ce n'est à l'instant, ce sera quelque autre heure.   864
Nourrice. Hé! que voulez-vous faire? et pourquoy mourez-
    vous?
Rompez plustost la foy promise à vostre espous,
Et plustost mesprisez le bruit du populaire,
Mesprisez-le, mon cœur, plustost que vous mal faire.   868
"Le bruit du populaire erre le plus souvent,

837 H Je vous pry, ma douce Ame   854 H Ou saillir
868 H This whole thing is lacking

"Loüant un vicieux, blasmant un bien vivant.
Il nous faut aborder cet homme solitaire,
Et tâcher d'amollir son naturel severe: 872
Cela sera ma charge. Or ayez donc bon cueur,
Peut estre pourrons-nous adoucir sa rigueur.

Chœur. Ne verrons-nous jamais le jour
    Que l'on soit libre de l'amour?   876
    Jamais ne se verra le monde
    Affranchi de la dure main
    De ce Dieu, qui regne, inhumain,
    Au ciel, en la terre et en l'onde?   880
C'est grand cas que les Dieux, qui ont
    Tout pouvoir sur ce monde rond,
    N'ont divinité, qui repousse
    D'un enfant les debiles coups,   884
    Et qu'ils sont navrez à tous coups
    Des tréts venimeux de sa trousse!
Mais les hommes plus aigrement
    Que les Dieux, sentent ce tourment.   888
    Car les Dieux, s'ils sont d'aventure
    Comme nous blessez dans le cœur,
    Ne souffrent pas grande langueur,
    Devant que d'en avoir la cure.   892
Mais las! il advient rarement,
    Que ceux qui sont nostre tourment,
    Et nostre guarison ensemble,
    Soyent esmeus de quelque pitié,   896
    Et que sous pareille amitié
    Ce cruel Amour les assemble.
Car tousjours le malicieux,
    A fin de nous tourmenter mieux,   900
    Par une beauté nous attire,
    Qu'il nous monstre, et ne baille pas:
    Ains ne s'en sert que d'un appas
    Pour nous tromper, puis la retire;   904
Comme on dit du vieillard chetif,*
    Qui dedans le coulant fuitif
    D'un fleuve veut moüiller sa bouche,

870 HRX au lieu d'un bien vivant   900 H captiver mieux

Qui prompt s'est plustost retiré,　　　　　908
Que le miserable alteré
Du bout de ses lévres y touche.
"Il n'est si mortelle poison,
　　"Qui ne treuve sa guarison:　　　　　912
　　"Tout, fors qu'amour, se rend curable,
　　"Quand Cupidon fait que celuy,
　　"Qui ha le remede avec luy,
　　"N'a la volonté secourable.　　　　　916
"Mainte cruelle passion
　　"Commande à nostre affection;
　　"Mais passion si furieuse
　　"Jamais pour nous gesner n'apprit　　　　　920
　　"Si fort tourment en nostre esprit,
　　"Que ceste fureur amoureuse.
Comme une eau boüillonne de chaud
　　Sur le feu qui plus fort l'assaut;　　　　　924
　　Nostre sang bouillonne en la sorte,
　　Quand il a les brasiers autour
　　De ceste estincelant Amour,
　　Et que sa rage est la plus forte.　　　　　928
Quand Jupiter fut irrité
　　Contre le larron Promethé
　　Pour avoir pris le feu celeste,
　　Entre les malheurs que sa main　　　　　932
　　Secoüa sur le genre humain,
　　Fut cette abominable peste,
Ceste peste nee au profond
　　Du Styx en neuf tours vagabond,　　　　　936
　　Pour troubler, ardante furie,
　　L'heur des animaux poursuivis,
　　Si tost qu'ell' les tient asservis
　　Sous les pieds de sa seigneurie.　　　　　940
Alcide* qui de tous costez
　　A tant de monstres surmontez
　　Et purgé le monde où nous sommes,
　　Eust plus merité qu'il n'a faict,　　　　　944
　　S'il eust de ce Tyran desfaict

923 H un eau (un' eau)　936 HRX De Styx

Pour jamais delivré les hommes.
Le sanglier Erymanthean,
   Le grand lion Cleonean,   948
   Busire, Eurypyle, et Antee,
   Et l'Hydre au col sept fois testu,
   Qui multiplioit abbatu,
   Cogneurent sa force indomtee.   952
Et toutesfois Amour n'eut pas
   Si tost roidi son tendre bras
   Pour luy decocher une fleche,
   Que laschement il se laissa   956
   Frapper du trét qui luy perça
   Le cœur d'une profonde breche.
Il devint, de preux qu'il estoit,
   Un vil esclave qui tortoit   960
   De la filace enquenoüillee:
   Et de la mesme main filoit,
   Qui fiere auparavant souloit
   Estre au sang des monstres soüillee.   964
Venus, et toy son cher enfant,
   Qui allez des cœurs trionfant,
   N'avous* vengé le fait coupable
   De Phebus, qui vous decela,   968
   Sur Pasiphé,* qui affola
   D'une amour si abominable?
Pourquoy encore espandez-vous
   Vostre insatiable courroux   972
   Sur ceste miserable dame,
   Luy faisant par trop de rigueur
   Rostir bourrellement le cœur
   En une incestueuse flame?   976

ACTE III

Phedre

Phedre. Quand romprez-vous le fil de mes heures fatales?*
Quand m'aurez-vous filee, ô Vierges infernales?*
Que tarde tant la mort, que d'un coup bien-heureux
Elle ne jette hors mon esprit langoureux?   980

Que fay-je plus au monde? et dequoy la lumiere
De nostre beau soleil sert plus à ma paupiere?
Ah! que je sens de mal, que je sens de douleurs!
Que je souffre d'angoisse et que j'espans de pleurs!　　984
O beau visage aimé, ma douloureuse peine!
O comble de mon heur, douce face sereine!
O beau front applany, des amours le sejour!
O sourcils ebenez, deux voutûres d'amour!　　988
O beau corps composé d'une taille celeste,
Semblable au corps d'un Dieu de maintien et de geste,
Je meurs de vous trop voir! je meurs, helas! je meurs
De vous voir, ô beautez, semences de mes pleurs!　　992
　　O venimeux Amour, que ta mere celeste
T'enfantant accoucha d'une cruelle peste!
Qu'il eust bien mieux valu qu'elle eust grosse produit
Un millier de serpens qu'un si malheureux fruit!　　996
Helas, tousjours ton feu, tousjours ton feu me brusle,
Soit que je m'en approche ou que je m'en recule!
Hé! Dieux, qu'y faut-il faire? Hippolyte m'espoint,
Et quand il est present et quand il n'y est point.　　1000
　　Ainsi voit-on souvent une biche sauvage,
Qu'un berger Cressien blesse dans un bocage
D'un garrot decoché qui luy coust les poumons,
Traverser à la course et les bois et les monts,　　1004
Voulant fuir son mal; mais tousjours la pauvrette
Porte dedans le flanc la mortelle sagette.
　　Hippolyte, mon cœur, n'aurez-vous point pitié
De me voir trespasser serve en vostre amitié?　　1008
Me lairrez-vous plonger aux ondes de Cocyte?
Me lairrez-vous mourir pour vous, mon Hippolyte?
Ah, Phedre! ah, pauvre Phedre! où as-tu mis ton cœur?
Tu ne dois esperer le tirer de langueur.　　1012
Tu brusles follement en une beauté digne
Non pas de ton amour, mais d'une amour divine;
Tu brusles follement, volontiers ses beaux yeux
Sont des Nymphes aimez, qui le meritent mieux.　　1016
　　Je ne sçauroy penser, pucelle Cynthienne,*
Que ton Endymion desormais te retienne:

1015 HRX Tu brusles follement, tu brusles

Hippolyte plus cher tes doux baisers reçoit
Au lieu de ce dormeur qui ton col embrassoit.   1020
Je ne croy pas aussi, Tithonienne Aurore,
Que tu baises le sein de ton Cephale* encore:
Au moins si quelquefois en respandant le jour,
Baissant les yeux à bas, tu as veu mon amour.   1024
   O vous creuses forests qui recelez ma vie,*
Que bien jalousement je vous porte d'envie!
O vous coustaux pierreux, qui l'allez esprouvant
A la suitte d'un Cerf, ou d'un Sanglier bavant,   1028
Que je vous suis despite! O vous aussi, fontaines,
Qui allez ondelant par les herbeuses plaines,
Et par tortis cavez roulez tousjours à val,
Que je vous veux, helas! que je vous veux de mal!   1032
C'est vous qu'il va baisant, quand lassé de la chasse,
Degoutant de sueur et d'une honneste crasse,
Couché sur vostre bord tout plat il va lavant
Ses lévres et sa soif en vostre eau l'abreuvant.   1036
   Où courez-vous, mon cœur? les Dieux ont-ils fait naistre
Tant de beautez en vous pour vous faire champestre
Citoyen des forests? Les forests, mon souci,
Sont indignes de vous, et les rochers aussi.   1040
Laissez-les donc, mon cœur! hé, voulez-vous despendre
En un labeur si dur vostre jeunesse tendre?
Où courez-vous, mon cœur? mon cœur, où courez-vous?
Laissez les bois deserts, les villes sont pour nous;   1044
Cupidon y habite avec sa douce mere,
La Deesse Venus, delices de Cythere.
   O mon bel Hippolyte, et ne voyez-vous pas
Que pour vous trop aimer j'approche du trespas?   1048
Et ne voyez-vous pas que je meurs, pauvre Roine,
Et que pour me sauver vous estes seul idoine?
Secourez-moy, ma vie, et ne changez à tort,
Par faute de pitié, mon amour à la mort.   1052
Helas! vous voyez bien par mon visage bléme,
Par ma palle maigreur, qu'ardemment je vous aime!
Voyez-vous pas mes yeux ne cesser larmoyans
De verser en mon sein deux ruisseaux ondoyans?   1056

1024 HRX en bas   1030 X ondelans

Voyez-vous pas sortir comme d'une fournaise
Les soupirs de ma bouche aussi chauds comme braise?
Voyez-vous point mon sein panteler de sanglots,
Et tesmoigner le mal qui me bourrelle enclos?   1060
Soyez-moy donc benin, et tirez secourable
De mon coeur offensé la douleur incurable:
Vous pouvez seulement d'un amoureux baiser
(Las! que ce vous est peu) mes langueurs appaiser.   1064
Nourrice. Bien-heureux est celuy qui ne sent dans ses veines*
Comme soulfre boüillir les amoureuses peines.
Bien-heureux, qui ne sçait que c'est de Cupidon,
Qui ne cognoist ses traits, son arc, ny son brandon.   1068
Ha! qu'il est outrageux ce petit Dieu qui vole!
Ha! que cruellement nos esprits il affole!
Je n'eusse pas cuidé que ceste passion
Peust commander si forte à nostre affection.   1072
Voyez comme elle boust en ceste pauvre Dame,
Comme ell' luy a tiré la raison hors de l'ame.
Elle va forcenee, ores pour s'outrager,
Ores pleine d'espoir se semble encourager.   1076
Le feu luy sort des yeux, et bien qu'elle s'efforce
De cacher sa fureur, elle échappe de force.
    La clairté luy desplaist, et ne demande plus,
Morne, qu'à se cacher dans quelque lieu reclus.   1080
Rien ne luy sçauroit plaire, elle s'assied dolente,
Puis elle se releve, ou se couche inconstante,
Se pourmene ore viste, et ore lentement,
Tantost elle pallist, et tout soudainement   1084
La couleur luy rehausse; elle tremble fiévreuse,
Et puis brusle à l'instant d'une ardeur chaleureuse.
Elle espere, elle craint, son esprit agité,
Comme la mer du vent, n'a rien plus d'arresté.   1088
Elle ne mange point, la viande apperceüe
Devant que d'y gouster luy offense la veüe.
Il ne luy chaut de vivre, et n'a pour tout confort,
Jour et nuict lamentant, que l'espoir de la mort;   1092
La mort luy est sa vie, et l'appelle à toute heure,
Pour la precipiter en la palle demeure.
Le jour, quand Phebus marche, elle voudrait la nuit,

Et la nuit, le Soleil luy tarde qu'il ne luit.   1096
Le sommeil, qui nourrist tout ce qui vit au monde,
Ne peut clorre ses yeux, arrosez de son onde.
Car soit ou que le jour face son large cours,
Soit que la nuict chemine, elle veille tousjours.   1100
   Miserable Princesse, aujourdhuy ne soupire
Rien en si grand malheur que le tien ne soit pire!
Quand la nuict tend son voile et qu'elle embrunist l'ær,
Tout sent l'oublieux somme en ses membres couler;   1104
Le silence est par tout, tout est coy par le monde,
Fors qu'en ton ame seule, où l'amour fait la ronde.
Elle est si foible aussi, que ja le plus souvant
La force à ses genous defaut en se levant.   1108
Elle chancelle toute, et ses bras imbeciles
Battant à ses costez luy pendent inutiles.
Cette belle couleur de roses et de lis
N'honore plus sa joue et son front appallis.   1112
Ses beaux yeus soleillez, qui la faisoyent paroistre
Vray tige lumineux de Phebus son ancestre,
N'ont plus rien de divin comme ils souloyent avoir:
Ains, tous chargez d'humeurs, ne cessent de pleuvoir   1116
Le long de son visage, et d'une eau qui chemine,
Goutte à goutte roulant luy lavent la poitrine.
Ainsi qu'aucune fois on voit sur le coupeau
Du Taure inaccessible une pluvieuse eau   1120
Tomber humidement du centre de la nüe,
Et la neige escouler de sa teste chenüe.
O que c'est grand pitié! Mais ne la voy-je pas,
Croisant les mains au ciel, dresser ici ses pas?   1124

Phedre, Nourrice, Hippolyte

Phedre. Las! qui a veu jamais peine si douloureuse?
   Las! qui a veu jamais douleur si outrageuse?
   O amour! o amour!
Nourrice.   Que vous servent ces cris?
Phedre. Je sens ce feu dans moy plus chaudement espris.   1128
Nourrice. Les plaintes n'y font rien, plustost d'une priere
   Humble sollicitez la vierge forestiere.

1106 H l'amour tousjours gronde

Phedre. O Royne des forests, qui habites les monts,*
Diane à triple forme,* invoquee en trois noms,   1132
Qui commandes aux bois et aux montagnes sombres,
Qui là bas aux enfers regnes entre les ombres,
Et qui grande lumiere en nostre ciel reluis,
Effaçant la noirceur des sommeilleuses nuits,   1136
Hecate Triviane, O saincte chasseresse,
Escoute ma priere et m'exauce, Deesse;
Ouvre le cœur glacé d'Hippolyte, et luy mets
Les tisons de l'amour dans ses os enflamez;   1140
Que desormais il aime, et comme moy resente
De l'amoureux brandon l'ardeur impaciente;
Qu'il se monstre facile, et chasse de son cueur,
Par toy, Vierge, attendry, toute austere rigueur.   1144
    Fay cela, ma Deesse; ainsi tousjours luisante
Puisses-tu decorer la voûte brunissante;
Ainsi quand tu seras au ciel pour l'esclairer,
Nul chant magicien ne t'en puisse tirer;   1148
Ainsi jamais l'obscur d'une ennuyeuse nuë
Ne voile la beauté de ta face cornuë.
Nourrice. Madame, c'est assez, elle oit vostre oraison.
Taisez-vous, je le voy sortir de la maison.   1152
Retirez-vous à part, l'heure m'est opportune.
C'est luy, c'est luy sans doute, et si n'a suitte aucune.
Hippolyte. Où dressez-vous vos pas, Nourrice, et quel souci
Trouble vostre visage et l'appallist ainsi?   1156
Madame est-elle saine? et sa plus chere cure,
Ses deux petits enfans, Royale nourriture?
Nourrice. La maison, le Royaume, et Phedre, et ses enfans,*
La grace des bons Dieux, florissent trionfans;   1160
Mais vous qui devriez ore, honnestement follâtre,
De cent divers plaisirs vostre jeunesse esbatre,
Vous la chetivez toute, et vuide de douceurs
La laissez escouler en des dogues chasseurs,   1164
Dans l'obscur des forests, sombre, morne, sauvage,
Ne monstrant presque rien d'humain que le visage.
    Laissez ce vain labeur, qui vous consomme ainsi.
Ceux que le sort contraint doivent vivre en souci;   1168

1154 H Taisez-vous, je le voy, et si

Mais ceux que la fortune embrasse favorable,
S'ils se vont affligeant d'un vivre miserable,
Et volontairement s'abandonnent au mal,
Doivent perdre le bien dont ils usent si mal.   1172
Donnez-vous à l'amour, passez vostre jeunesse,
Ce pendant qu'elle dure, en joyeuse liesse.
Egayez vostre esprit, vous n'aurez pas le temps,
Quand vous serez plus vieil, commode au passetemps.   1176
"Toute chose ha son propre et naturel office.
"Ce qui sied bien à l'une, à l'autre est souvent vice.
"L'allegresse convient au front du jouvenceau,
"Et non pas du vieillard qui se ride la peau: 1180
"Au contraire le soin et la rigueur honneste
"Honore l'homme vieil qui blanchist par la teste.
Ne laissez donc perir le plus beau de vos jours
Ainsi austerement sans gouster aux amours,   1184
Au plaisir de la dance, et de la liqueur douce
Dont Bacchus nous detriste et nos soucis repousse.
La mort sans se monstrer vient à nous à grand pas
Nous trancher, journaliers, la vie et les esbats.   1188
Puis quand nous trouverons, palles, sur le rivage
Du bourbeux Acheron, de Pluton le partage,
Où l'ennuy, les regrets, les soupirs, et les pleurs
Avec les passions naissent au lieu de fleurs,   1192
Lors nous repentirons de n'avoir en ce monde
Autant pris de douceur comme il y en abonde,
Tandis que le Destin nous donnoit le loisir
Et l'opportunité de vivre en tout plaisir.   1196
Hippolyte. Les monts et les forests me plaisent solitaires,*
Plus que de vos citez les troubles sanguinaires.
Telle façon de vivre avoyent du premier temps
Nos peres vertueux, qui vivoyent si contens.   1200
"Et certes celuy-là qui, s'escartant des villes
"Se plaist dans les rochers des montagnes steriles,
"Et dans les bois fueillus, ne se voit point saisir,
"Comme les bourgeois font, d'un avare desir.   1204
"L'inconstante faveur des peuples et des Princes,
"L'appetit de paroistre honorable aux provinces

1182 H Honorent   1204 H Comme le peuple fait   RX Comme les villes font

"Ne luy gesne le cœur, ny l'envieuse dent,
"Des hommes le poison, ne le va point mordant.   1208
Il vit libre à son aise exempt de servitude,
N'estant de rien contraint que de son propre estude,
Que de son franc vouloir, ne tremblant de souci
Pour la crainte d'un Roy, qui fronce le sourci.   1212
Il ne sçait, innocent, que c'est d'un tas de vices
Bourgeonnans aux citez qui en sont les nourrices.
Il ne se couvre point le chef ambicieux
D'un bastiment doré qui menace les cieux.   1216
Il n'a mille valets, qui d'une pompe fiere
L'accompagnent espois et devant et derriere.
Sa table n'a le dos chargé de mille plats,
Exquisement fournis de morceaux delicats.   1220
Il ne blanchist les champs de cent troupeaux à laine,
De cent couples de bœufs il n'escorche la plaine;
Mais paisible il jouist d'un air tousjours serain,
D'un paisage inegal qu'il descouvre loingtain.   1224
Il s'amuse à courir ou la Biche peureuse,
Ou l'Ours, ou le Sanglier à la dent escumeuse.
Tantost las il se couche ou sur le bord d'une eau,
Ou dans un creux rocher d'où pend maint arbrisseau.   1228
Le doux sommeil le prend entre mille fleurettes,
Au bruit d'une fontaine et de ses ondelettes
Qui gargouillent autour, ou d'un coudre mouëlleux,
Ou d'un saule qui fend son chemin graveleux.   1232
    Quel plaisir ce luy est, quand la soif le tourmente,
Boire au creux de sa main de la belle eau courante;
Et contenter sa faim des bons fruits savoureux
Qu'il abbat en hochant d'un arbre plantureux!   1236
    Or vive qui voudra d'une plus molle vie,
Quant à moy, qui suis bien, je n'en ay point envie;
Je ne veux point changer mon vivre accoustumé
Pour un plus delicat que je n'ay oncque aimé.   1240
Nourrice. Voulez-vous donc laisser, vivant ainsi sauvage,
    De goûter aux saveurs de l'amoureux breuvage?
    Jupiter, le grand Dieu, prevoyant sagement
    Que le monde faudroit, destruit entierement,   1244

1214 H Bourgeonnant

Si, comme d'heure en heure il nous perd miserables
Par divers accidens et trespas variables,
Il n'estoit repeuplé d'autant de nouveaux corps,
Que le destin en jette incessamment dehors,   1248
Nous a donné l'amour, pour laisser une race
Qui nous survive morts et tienne nostre place.
   Si Venus une fois quitte cet univers,
Vous le verrez bien tost gesir mort à l'envers.   1252
La mer, vuide, perdra ses escailleuses troupes;
Sans peuples se verront les montagneuses croupes;
Dans le ciel defaudront les oiseaux duveteux,
Et l'air n'aura sinon des tourbillons venteux.   1256
Combien d'hommes voit-on engloutir en ce monde
Par le fer, par la faim, par la rage de l'onde?
   Or sus, laissez-vous prendre au cordage amoureux,
Frequentez-moy la ville, et vivez plus heureux: 1260
Il vous faut une amie, et cueillir avec elle
Les doux fruits où l'amour tendrement vous appelle.
Hippolyte. Je ne sçaurois aimer vostre sexe odieux,
Je ne puis m'y contraindre, il est trop vicieux.   1264
Il n'est mechanceté que n'invente une femme,
Il n'est fraude et malice où ne plonge son ame.
Nous voyons tous les jours tant de braves citez
Flamber, rouges de sang, pour leurs lubricitez;   1268
Tant fumer de Palais, tant de tours orgueilleuses
Renverser jusqu'au pied pour ces incestueuses;
Tant d'Empires destruits, qui (possible) seroyent
Encore en leur grandeur, qui encor fleuriroyent.   1272
Je ne veux que Medee et ses actes infames
Pour montrer quelles sont toutes les autres femmes.
Nourrice. Pourquoy pour le peché de quelqu'une de nous,
Qui a peu s'oublier, toutes nous blasmez-vous?   1276
Hippolyte. Je ne sçay pourquoy c'est, toutes je les deteste,
Jes les ay en horreur plus que je n'ay la peste.
Soit raison, soit fureur, soit tout ce qu'on voudra,
Jamais de les aimer vouloir ne me prendra.   1280
Plustost le feu naistra dans la mer escumeuse,
Plutost sera le jour une nuict tenebreuse,

1272 HRX Encores en leur fleur

Plustost nostre soleil commencera son cours
A la mer Espagnole, où se cachent nos jours,   1284
Et plustost sera l'Aigle aux Pigeons sociable.
Que je serve une femme, esclave miserable.
Nourrice. "Amour domte le cœur des hommes et des Dieux,
"Et les contraint aimer ce qu'ils ont odieux.   1288
Hippolyte. Je n'ay pas peur qu'Amour corrompe mon courage,
Fuyant la volupté, le poison de nostre age.
Nourrice. Il n'y a point d'espoir, autant vaudroit prescher
Le sourd entendement d'un caverneux rocher.   1292
Voyez qu'il est hautain, et qu'il fait peu de conte
De nous et de l'Amour, qui toute chose domte.
Je ne le voy non plus esmeu de mes propos
Qu'un grand roc rivager n'est esbranlé des flots.   1296
Amour te puisse nuire, arrogant, et te face
Brusler d'une qui soit, comme tu es, de glace.
    Mais ne voy-je pas Phedre?* helas! que son beau teint
De cinabre et de lis est pallement desteint!   1300
Helas! qu'elle est desfaitte! hà! hà! ce n'est plus elle,
Ce n'est plus elle, non, comment elle chancelle!
Helas! elle est tombee! hé! bons Dieux, qu'est-ce ci?
Ma maistresse, m'amie. Elle a le cœur transi,   1304
Le visage luy glace, ô passion maudite!
Madame, esveilles-vous, voici vostre Hippolyte:
Voulez-vous pas le voir? vous n'aurez plus d'ennuy.
Sus, sus, ouvrez les yeux et devisez à luy.   1308

Phedre, Nourrice, Hippolyte

Phedre. Qui m'a rendu mes pleurs et mes cruelles plaintes?
Qui m'a renouvelé mes passions esteintes?
Qui m'a remis en vie? hà! que n'ay-je joüy
Plus long temps du repos qu'on goûte esvanoüy?   1312
Nourrice. Pourquoy refuyez-vous cette clairté rendue?
Pourquoy pallissez-vous au besoin esperdue?
Pourquoy hesitez-vous? est-ce ore qu'il vous faut
Coüardement troubler dés le premier assaut?   1316
"Qui froidement demande à quelqu'un, il l'advise
"De luy faire refus de la chose requise.

1294 HR toutes choses   1315 H est-ce ores qu'il faut   1317 RX il advise

Phedre. "Mais quiconque requiert quelcun de deshonneur,
  "A grand' peine qu'il soit bien hardy requereur. 1320
Nourrice. Ce n'est ores qu'il faut succomber à la honte:*
  Elle vous prend trop tard, il n'en faut tenir conte.
  Lors que premierement amour vous vint saisir,
  Il estoit bon de rompre un si mauvais desir, 1324
  Et d'une chaste honte armer vostre poitrine;
  Mais ore il est trop tard, amour a pris racine.
  Desormais qu'il ne peut estre en vous abbatu
  Vous convient efforcer qu'il puisse estre esbatu. 1328
  Possible (et que sçait-on?) cet amoureux outrage
  Se pourra convertir en un bon mariage.
  "Maintefois d'un grand mal il s'est fait un grand bien.
  "Le temps corrige tout, quand on le conduist bien. 1332
Phedre. Nourrice, le voy-cy.
Nourrice.   Monstrez vostre asseurance.
Phedre. Efforce toy, mon cœur, aye bonne esperance,
  Commence à l'aborder. Aurez-vous le loisir
  De m'entendre parler de ce que j'ay desir? 1336
Hippolyte. Dites ce qu'il vous plaist, je suis prest de l'entendre.
Phedre. Si ce n'est en secret je ne veux l'entreprendre.
Hippolyte. Personne n'est icy qui vous puisse escouter.
Phedre. La peur fait mes propos sur ma langue arrester. 1340
  Le desir est bien fort, mais la honte est plus forte.
  Dieux, vous sçavez pourquoy je suis en ceste sorte!
Hippolyte. Avez-vous de la peine à dire quelque cas?
Phedre. Helas! j'en ay beaucoup plus que ne croiriez pas! 1344
  "Les plus petits ennuis qui dans nos cœurs se treuvent
  "Se descouvrent assez, mais les plus grands ne peuvent.
Hippolyte. Ma mere, fiez-vous à moy de vos ennuis.
Phedre. Laissez ce nom de mere, Hippolyte, je suis 1348
  Vostre sœur, et encore, humble, je me contante
  De n'avoir desormais que le nom de servante,
  De servante voirment: je vous feray l'honneur
  Que doit une servante à son propre seigneur. 1352
  Je vous suivray par tout, fust-ce au travers des ondes,
  Fust-ce au haut des rochers, dans les neiges profondes,
  Fust-ce au travers du feu, gloutonnement ardant,

1324 H bon d'esteindre   1351 H vrayment

Et fust-ce pour m'aller, perissable, dardant,　　　　1356
Le visage baissé, dans le fer de cent piques,
Fust-ce et fust-ce au profond des caves Plutoniques.
　　Prenez le sceptre en main, mettez-vous sur le front
Le Royal diadéme, ainsi que les Rois font.　　　　1360
Tenez, je vous le donne:* il est bien plus honneste
Que vous plustost que moy le portiez sur la teste.
Vous estes en la fleur de vostre age, et combien
Que Thesé soit chery du peuple Athenien,　　　　1364
Vous l'estes davantage, et vostre belle grace
Son nom moins desiré de sa memoire efface.
Or regnez, noble Prince, et prenez le souci
De moy dolente veufve, et de ce peuple ici.　　　　1368
Hippolyte. Le grand Dieu Jupiter et le pere Neptune
Nous vueille preserver de si grande infortune:
Vous reverrez mon pere à peu de jours d'ici.
Phedre. Pluton, Dieu qui commande au Royaume noirci,　　1372
Ne le permettra pas, s'il n'est si debonnaire
De laisser eschaper de son lict l'adultere.
Hippolyte. Les bons Dieux de là haut, qui ont cure de luy,
Le feront retourner, n'en ayez point d'ennuy.　　　　1376
Mais tandis qu'il sera dans ces lieux solitaires,
Je prendray le souci des vos enfans, mes freres,
Et vous honoreray, comme celle qui est
De mon pere l'espouse, et qui seule luy plaist.　　　　1380
Je vous tiendray sa place, et par notable preuve
Tascheray de monstrer que vous n'estes pas veufve,
Je vous seray mary.*
Phedre.　　　　　　　O desiré propos,
Dont la faulse douceur m'empoisonne les os!　　　　1384
O propos decevable! ô parolle trompeuse!
O esperance vaine! ô chetive amoureuse!
Il me sera mary! pouvoit-il mieux parler,
Et plus ouvertement pour me faire affoler?　　　　1388
Il faut me descouvrir, mais le cœur me pantele,
Un frisson me saisist d'une crainte nouvelle.
Pleust à Dieu, mon amy, que vous sceussiez ouvrir
Les secrets de mon cœur, sans vous les decouvrir:　　　1392
Je m'efforce à les dire, et je ne puis de honte.

Hippolyte. Laissez la honte là.
Phedre.   Mais elle me surmonte.
Hippolyte. Quel mal est-ce si grand que n'osiez deceler?
Phedre. C'est un mal, que jamais on ne veit devaller   1396
　　Au cœur d'une marâtre.
Hippolyte.   Encor ne puis-je entendre
　　Vos propos ambigus: faites les moy apprendre
　　En termes plus ouverts.
Phedre.   L'amour consomme enclos
　　L'humeur de ma poitrine et desseche mes os.   1400
　　Il rage en ma moüelle, et le cruel m'enflamme
　　Le cœur et les poumons d'une cuisante flamme.
　　Le brasier estincelle, et flamboye asprement,
　　Comme il fait quand il rampe en un vieil bastiment   1404
　　Couvert de chaume sec, s'estant en choses seches
　　Elevé si puissant de petites flammeches.
Hippolyte. C'est l'amour de Thesé qui vous tourmente ainsi.
Phedre. Helas! voire, Hippolyte, helas! c'est mon souci.   1408
　　J'ay miserable, j'ay la poitrine embrasee
　　De l'amour que je porte aux beautez de Thesee,
　　Telles qu'il les avoit lors que bien jeune encor
　　Son menton cotonnoit d'une frisure d'or,   1412
　　Quand il veit, estranger, la maison Dedalique
　　De l'homme Mi-toreau, nostre monstre Cretique.
　　Helas! que sembloit-il? ses cheveux crespelez,
　　Comme soye retocre en petits aneletz,   1416
　　Luy blondissoyent la teste, et sa face estoilee
　　Estoit, entre le blanc, de vermeillon meslee.
　　Sa taille belle et droite avec ce teint divin
　　Ressembloit, esgalee, à celle d'Apollin,   1420
　　A celle de Diane, et sur tout à la vostre
　　Qui en rare beauté surpassez l'un et l'autre.
　　Si nous vous eussions veu, quand vostre geniteur
　　Vint en l'isle de Crete, Ariadne ma sœur   1424
　　Vous eust plustost que luy, par son fil salutaire,
　　Retiré des prisons du roy Minos, mon pere.
　　　　Or quelque part du ciel que ton astre plaisant

1400 HRX et m'ard dedans les os   1425 HRX de son fil
1427 H astre luisant

Soit, ô ma chere sœur, à cette heure luisant,   1428
Regarde par pitié moy, ta pauvre germaine,
Endurer comme toy cette amoureuse peine.
Tu as aimé le pere, et pour luy tu desfis
Le grand monstre de Gnide,* et moy j'aime le fils.   1432
    O tourment de mon cœur, Amour, qui me consommes!
O mon bel Hippolyte, honneur des jeunes hommes,
Je viens la larme à l'œil me jetter devant vous,
Et d'amour enyvree, embrasser vos genous,   1436
Princesse miserable, avec constante envie
De borner à vos pieds mon amour, ou ma vie;
Ayez pitié de moy.

Hippolyte.   O grand Dieu Jupiter,
Peus-tu voir une horreur si grande, et l'escouter?   1440
Où est ton foudre ardant, qu'ireux tu ne le dardes
Tout rougissant d'esclairs sur les temples paillardes
De cette malheureuse! Es-tu si paresseux,
O Pere, es-tu si lent à nous lancer tes feux?   1444
Que le ciel, esclatant au bruit de ton tonnerre,
Jusques aux fondemens ne renverse la Terre?
Et n'abysme le jour, tout sanglant, au plus creux
Et au gouffre plus noir des enfers tenebreux?   1448
Mais toy, Soleil, qui luis par tout ce grand espace,
Peux-tu voir sans pallir les crimes de ta race?
Cache-toy vergongneux, quitte à la nuit ton cours,
Destourne tes chevaux gallopant à rebours.   1452
Plonge toy, lance toy le chef bas sous les ondes,
Et ta torche noircis en tenebres profondes.
    Que tardes-tu aussi, pere Saturnien,*
Que tu ne vas ruant ton foudre Olympien   1456
Sur ma coupable teste, et que tu ne la broyes
Plus menu que sablon, que tu ne la foudroyes?
N'ay-je assez merité, n'ay-je forfaict assez
Pour sentir la fureur de tes dards eslancez,   1460
De plaire à ma marâtre, et de luy sembler propre
Entre tous les mortels, seul, à si lasche opprobre?
    O femme detestable! ô femme dont le cueur
Est en mechancetez de son sexe vaincueur!   1464

1428 H à cet heure luysant   1449 HRX Et toy

O pire mille fois et d'ardeur plus enorme,
Que ta mere qui eut un monstre si difforme!
Ce ventre t'a porté qui s'enfla grossissant
Du germe convoité d'un Taureau mugissant.   1468
Phedre. Helas! c'est le destin de nostre pauvre race!
Venus nous est cruelle, et sans cesse nous brasse
Une amour dereglee. Et que peut nostre effort
Encontre une Deesse et encontre le sort?   1472
De rechef, ô cruel, à vos pieds je me jette,
Prenez compassion de moy, vostre sujette.
Hippolyte. Retirez-vous de moy, ne me venez toucher,
Ne me touchez le corps, de peur de me tacher.   1476
Comment? elle m'embrasse? Il faut que mon espee,
Vengeant un si grand forfaict, soit de son sang trempee.
Jamais, chaste Diane, à ton nom immortel
Un sang mieux consacré n'humecta ton autel.   1480
Phedre. C'est ce que je demande. A ceste heure, Hippolyte,
Piteux, mettrez vous fin à ma douleur despite.
Hippolyte, il ne peut m'arriver plus grand heur,
Que mourant par vos mains conserver mon honneur.   1484
Hippolyte. Allez, vivez infame, et que jamais cet arme,
Pollue en vous touchant, le chaste corps ne m'arme.
En quel Tigre, en quel Gange, en quel gouffre aboyant,
En quelle ondeuse mer m'iray-je nettoyant?   1488
Non, le grand Ocean, avecques toute l'onde
Dont il lave en flottant ceste grand' masse ronde,
Ne me sçauroit laver. O rochers esgarez!
O coûtaux! ô vallons! ô bestes! ô forests!   1492
Nourrice. Nostre faute est cogneuë: et bien, et bien, mon ame,
Il faut le prevenir et luy donner le blâme,
Accusons-le luy-mesme, et, par nouveau mesfaict,
Couvrons habilement celuy qu'avons ja faict.   1496
"C'est un acte prudent d'avancer une injure,
"Quand nous sommes certains que l'on nous la procure.
Et qui ne jugera que ce n'ait esté luy
Qui ait commis le crime, et puis s'en soit enfuy?   1500
Personne n'est pour luy, qui tesmoigner s'efforce.
    Accourez, mes amis, au secours, à la force,

1480 HRX n'eschauffa ton autel   1490 HRX lave en tournant

On force vostre Royne; accourez, le mechant
Luy presse le gosier avec le fer trenchant.   1504
Il s'enfuit, il s'enfuit, poursuivez-le à la trace;
Il a jetté d'effroy son espee en la place;
Il n'a pas eu loisir de l'engainer; au moins
Nous avons un bon gage, à faute de tesmoins.   1508
   Helas! consolez-la, voyez comme elle pleure,
Ne touchez à son chef, il vaut mieux qu'il demeure
Tout meslé comme il est, pour enseigne du tort
De ce monstre impudique et de son lasche effort.   1512
   Appaisez-vous, Madame, et prenez patience.
Las! que pouviez-vous faire à telle violence?
Laissez cette tristesse. Helas! que gaignez-vous
De vous plomber ainsi la poitrine de coups?   1516
D'outrager vostre face, et par impatience
Offenser vos cheveux qui n'ont point faict d'offense?
"Celle n'est point blessee en sa pudicité
"Qui est prise d'aucun contre sa volonté.   1520
"On peut forcer le corps, mais l'ame qui est pure,
"Maugré le ravisseur est exempte d'injure.

Chœur. Allons faire au temple priere*
   A Pallas, la vierge guerriere,   1524
   Des genoux la terre pressant,
   Les deux mains vers le ciel dressant:
   Et penchez devers la Deesse,
   La supplions que nostre chef   1528
   Elle vueille garder d'oppresse,
   Et nostre Cité de mechef.
Si les Dieux, les bons Dieux, n'ont cure
   De conserver leur creature,   1532
   Et si toy, Minerve, sur tous,
   Ne prens quelque souci de nous,
   Je prevoy ja mainte tempeste
   Et maint orage menaçant,   1536
   Pour nous accravanter la teste,
   S'aller dessur nous eslançant.
"Qu'une femme, que jalousie,
   "Que haine ou qu'amour ont saisie,   1540

1532 HRX De nous, leur pauvre creature

"Est redoutable! et que son cœur
"Couve de fielleuse rancœur!
"Le trét ensoulfré du tonnerre,
"Que Jupin darde, colereux,   1544
"Sur une crimineuse terre
"Ne tombe pas si dangereux.
"La mer, quand elle escume, enflee,
"Du Nort et d'Aquilon soufflee,   1548
"Le feu rongeant une Cité,
"La peste infectant un Esté,
"Et la guerre, qui tout saccage,
"Sont bien à craindre; et toutesfois   1552
"D'une femme l'horrible rage
"L'est encore plus mille fois.
"Comme une Menade troublee,
"Hûlant d'une voix redoublee,   1556
"Fait, yvre, mille ardans effors
"Des pieds, des mains, de tout le corps,
"Le jour qu'à Bacchus, le bon pere,
"Portant au poing le Thyrse aimé,   1560
"Elles vont au haut de Cythere,
"Faire l'Orgie accoutumé;
"Celle-là forcene en la sorte,
"Voire d'une fureur plus forte,   1564
"Qui dedaignee en son amour,
"Porte au cœur la haine à son tour.
"Elle ne brasse que vengence,
"La vengence la joint toujours,   1568
"Et quoy qu'elle discoure et pense,
"Ce ne sont que sanglans discours.
"Elle tourne et retourne en elle
"Mainte mensongere cautelle,   1572
"Ardant de venger son refus;
"Son esprit regarde confus
"Entre mille ruses fardees,
"Et là, peschant abondamment,   1576
"Y prend, les ayant regardees,
"La meilleure à son jugement.
"Puis, faulse sous un faux visage,

"Vomist le fiel de son courage, 　　　　　1580
"Plus mortel que n'est le venin
"De quelque serpent Getulin.
"De voix, de soupirs et de larmes,
"Couvre, coupable, son forfaict, 　　　　　1584
"Et avecques les mesmes armes
"De son ennemy se desfaict.
Jadis l'amante Sthenobee,*
　　De pareil dedain enflambee, 　　　　　1588
　　A son mary Prœte accusa
　　Bellerophon, qui refusa,
　　Trop chaste, sa flamme infidelle;
　　Et du regret qui la ferut 　　　　　1592
　　De le voir vivre eschappé d'elle,
　　La cruelle à la mort courut.
Du mesme danger fut suivie
　　De Pele l'innocente vie 　　　　　1596
　　Par Acaste Magnesien.*
　　Maint et maint heros ancien,
　　Comme toy, bon Amazonide,*
　　Voguant en ceste mesme mer, 　　　　　1600
　　A conneu le cœur homicide
　　Des femmes qu'on ne daigne aimer.
Mais s'il y a là haut encore
　　Quelque dëité qu'on adore, 　　　　　1604
　　S'il y a des Dieux ayans soing
　　D'assister les bons au besoing,
　　Ils permettront que la malice,
　　Contre ta vertu rebouchant, 　　　　　1608
　　Recherra dessur son authrice,
　　Bourreau de son crime mechant.

ACTE IV

Thesee, Nourrice

Thesee. Je vien du creux sejour des eternelles nuits,*
　　Et de la triste horreur des Enfers pleins d'ennuis; 　　　　　1612
　　A grand' peine mes yeux à paupieres ouvertes

1601 H Ont conneu

Peuvent voir du beau jour les clairtez decouvertes.
Ja la belle Eleusis* coupe en ce bouillant mois
Les presens de Ceres pour la quatriesme fois,   1616
Depuis que sous la voûte horriblement profonde
Je pleure mort et vif la perte de ce monde.

   Encor seroy-je errant dans le Royaume noir
Sans Hercul' qui m'osta de ce triste manoir,   1620
Tirant le chien portier de sa caverne creuse,
Qui m'empeschoit d'ouvrir la porte Stygieuse.
Mais je n'ay plus la force et la brave vigueur
Qu'auparavant j'avois indomtable de cœur: 1624
Mes genoux affoiblis vont tremblant, et à peine
Peuvent plus supporter mon corps, leur dure peine.

   Quel labeur m'a esté, d'avoir depuis le fond
De l'enfer sceu monter jusques icy à mont?   1628
D'avoir sceu eviter la mort en la mort mesme,
Et de te suivre, Alcide à la force supréme?

Nourrice. Hà! maison desolee!
Thesee.   Hé! quel bruit est-ce là?
Nourrice. Que la mort n'ay-je au cœur!
Thesee.   Que veut dire cela?   1632
Quel tonnerre est-ce cy?* quels soupirs? quels encombres?
Suis-je encore aux enfers entre les cris des ombres?
D'où vient un si grand trouble? est-ce un dueil fait exprés
Pour me mieux recevoir me sçachant icy prés?   1636
Voyla, voyla vraiment une tempeste deuë
A un hoste infernal pour sa premiere veuë.
Nourrice, quel tumulte entendé-je entre vous?
Nourrice. Phedre se veut défaire, et ne luy chaut de nous   1640
  Qui la reconfortons, et qui à chaudes larmes
  La prions de jetter de sa dextre les armes.
Thesee. Qui peut à mon retour causer ce deconfort?
Nourrice. C'est pour vostre retour qu'elle haste sa mort.   1644
Thesee. Elle veut donc mourir pour me revoir en vie?*
Nourrice. Non, mais vostre retour luy en accroist l'envie.

1620 H Sans Hercule qui vint m'oster d'un tel manoir
1632 H O que n'ay-je la mort!   1634 des] Y de
1639 H quel malheur nostre maison assaut?   1640 H et point il ne luy chaut
1641 H De nous, qui l'assistons

Thesee. Prend elle desplaisir que je soy' revenu?
Nourrice. Vostre absence luy est un regret continu.   1648
Thesee. Qui luy cause la mort sçachant bien ma presence?
Nourrice. Je ne sçay, mais je voy que c'est ce qui l'offence.
Thesee. Quelle nouvelle rage est entree en son cœur?
Nourrice. Un despit qui la ronge, une triste langueur.   1652
Thesee. Vos propos ambigus couvrent quelque grand' chose.
    Dites moy clairement: qu'a Phedre mon espose?
Nourrice. Elle ne le dit point: elle veut emporter
    Au tombeau la douleur qui la fait lamenter.   1656
Thesee. Entrons soudainement, entrons, il n'est pas heure
    De faire, en perdant temps, icy longue demeure.

Thesee, Phedre

Thesee. Quoy? ma chere compagne, est-ce ainsi qu'il vous faut
    Recevoir vostre espoux? est-ce ainsi qu'il vous chaut   1660
    De son heureux retour? et que vous prenez joye
    De le voir eschappé de la mortelle voye?
    Quelle chaude fureur allez-vous remaschant?
    Que fait en vostre main ce coutelas tranchant?   1664
Phedre. Magnanime Thesé, je vous prie à mains jointes
    Par cet acier luisant pitoyable à mes plaintes,
    Par le sceptre Royal de vostre empire craint,
    Par vos enfans aimez, le doux soing qui m'estraint,   1668
    Par vostre heureux retour de la palle demeure,
    Et par ma cendre* aussi, permettez que je meure.
Thesee. Quelle cause vous meut de desirer la mort?
Phedre. Si je vous la disois, je perirois à tort,   1672
    Et le fruict periroit que de la mort j'espere.
Thesee. Ne le dites qu'à moy, je le sçauray bien taire.
Phedre. "Ce qu'on veut que quelcun taise fidellement,
    "Le faut soymesme taire, il est sceu autrement.   1676
Thesee. "Mais un loyal mary vers sa femme qu'il aime

1650 In H, there are four additional lines after this:
    Thesee. Une femme de bien ne feroit pas ainsi.
    Nourrice. Elle est femme de bien, n'en soyez en soucy.
    Thesee. Une femme de bien me feroit autre chere.
    Nourrice. Elle ne le peut faire en si grande misere.
1651 H Quelle grande misere   1661 H De sa chere venue

"N'est pas un estranger, c'est un autre elle mesme.

Phedre. "Une femme ne doit conter à son mary

"Chose dont il puisse estre en le sçachant marry.   1680

Thesee. Que me peut-on conter, qui plus de dueil me cause

Que de vous voir mourir sans en sçavoir la cause?

Phedre. Si de me voir mourir vous prenez quelque esmoy,

Il n'amoindrira pas quand vous sçaurez pourquoy.   1684

Thesee. Que me peut proffiter ceste tristesse teuë?

Phedre. Que vous peut proffiter ceste tristesse sceuë?

Thesee. On remedie au mal quand on le peut sçavoir.

Phedre. A celuy que j'endure il n'y a point d'espoir.   1688

Thesee. Que vous sert donc la mort, de tous les maux le pire?

Phedre. La mort fait terminer tout angoisseux martyre.

Thesee. Il n'est rien plus horrible aux hommes que la mort.

Phedre. Elle est aux affligez un desirable port,   1692

Comme à moy qui suis tant de ce monde assouvie;

Autrement il fait mal de laisser ceste vie.

Thesee. Je ne permettray pas que vous donniez la mort.

Phedre. Vous ne sçauriez qu'y faire avec tout vostre effort.   1696

"La mort jamais ne manque à ceux qui la desirent.

"Ses homicides arcs contre nous tousjours tirent.

Thesee. Quel mal digne de mort avez-vous doncque fait?

Phedre. De vivre si long temps, c'est mon plus grand forfait.   1700

Thesee. N'aurez-vous point pitié de ma douleur future?

Phedre. Rompez vostre douleur dessous ma sepulture.

"La mort est moins à craindre, et donne moins d'esmoy

"Quand on laisse en mourant quelque regret de soy.   1704

Thesee. Elle ne veut rien dire; il faut que ceste vieille,

Il faut que sa nourrice, ou vueille, ou ne le vueille,

Me le dise en son lieu. Sus, qu'on la serre au corps,

Et qu'à force de coups on luy sacque dehors   1708

Avec les fouetz sanglans, les secrets de sa Dame.

Qu'on ne la laisse point qu'elle n'ait rendu l'ame.

Phedre. Je vous conteray tout, laissez-la, demeurez.

Thesee. Que pleurez-vous ainsi? qu'est-ce que vous pleurez,   1712

1678 R une autre   1693 H qui tant suis   1702 H la sepulture
1703-4 H "La mort tourmente moins, quand entrant sous sa loy
          "L'on espere laisser quelque regret de soy.
1703 RX "Puis la mort fasche moins, et donne

Ma mignonne? et pourquoy ne me voulez-vous dire
La cause du tourment que vostre cœur soupire?

Phedre. O Gouverneur du ciel, qui de ton thrône saint
 Vois au fond de nos cœurs ce qu'il y a de feint;   1716
 Et toy, alme Soleil, qui la voûte azuree
 Enlustres au matin de ta lampe doree,
 Et qui d'un œil veillant perces par le travers
 Des nuaux espoissis tout ce vague univers: 1720
 Je vous invoque, ô Dieux! ô Dieux, je vous appelle
 Tesmoings de mon outrage et de ma mort cruelle!
 Les prieres n'ont peu ma constance esmouvoir,
 Le fer et la menace ont esté sans pouvoir,   1724
 Le corps a toutesfois enduré violence:
 Mais de mon chaste sang j'en laveray l'offense.

Thesee. Qui est le malheureux qui a souillé mon lict?

Phedre. Un que ne croiriez pas commettre un tel delict. 1728

Thesee. Qui est-ce? dites tost. Dieux immortels, j'affole
 Que je ne l'ay desja! Sus, en une parolle,
 Qui est-il? d'où est-il? ou va-t-il, le mechant?
 Viste qu'on coure apres.

Phedre.   Ce coutelas tranchant   1732
 Qu'il laissa de frayeur au bruit du populaire,
 Le voyant vous fera connoistre l'adultere.

Thesee. O terre! qu'est-ce cy? quel monstre Stygieux,
 Quel Démon infernal se decouvre à mes yeux?   1736
 Cette garde doree, et sa riche pommelle,
 Entamee au burin d'une graveure belle,
 Ont la marque ancienne, et les armes aussi
 De nos premiers ayeulx qui regnerent icy.   1740
 Mais où s'est-il sauvé?

Phedre.   Vos gens l'ont veu naguiere
 Courir palle d'effroy dessus cette poudriere.

Thesee. O sacré geniteur des hommes et des Dieux,*
 O Neptune adoré des flots audacieux,   1744
 D'où me vient ceste peste en mon lignage, infame?
 D'où me vient à ma race une si mauditte ame?
 O ciel! qui bruis souvent la menace, et jamais
 Ne punis les meschans de foudres abysmés: 1748

1731 H Qui est-il? où est-il? que fait-il, le mechant?

O ciel, injuste ciel, qui pardonnes les crimes,
Et aux mechancetez, indulgent, nous animes,
Que te sert le tonnerre et ce devorant feu,
Qui grondant si terrible execute si peu?   1752
Mais que te sert encor de perdre ta tempeste,
Comme tu fais, battant l'invulnerable teste
Des rochers insensez? s'il advient quelque fois
Que tu lasches ta foudre apres ses longs abois,   1756
Le front et le sourcy des montagnes, tes buttes,
A tort sont outragez de tes tempestes cheutes:
Veu qu'ils n'irritent point par mesfaits, comme nous,
Comme nous malheureux, le celeste courroux.   1760
    Devriez-vous, Immortels, souffrir un malefice
Si horrible à vos yeux, sans en faire justice?
Ne devoit-il pas ardre et tomber tout ardant
Au plus creux des enfers, la terre se fendant?   1764
O Dieux lens à punir, vous n'advisez qu'aux fautes
Qu'on fait entreprenant sur vos magestez hautes!
    Tu vis, monstreux enfant, tu vis donque impuny,
Apres m'avoir, ton pere, en ma couche honny?   1768
Tu vis, tu vis, barbare, et la lampe celeste
Aussi claire qu'à moy reluist à ton inceste?
Tu vis, tu vis, barbare, et n'as point de souci
Des Dieux qui sont là haut, ny des hommes aussi?   1772
Les bestes des forests que tu cours, sanguinaire,
Vivent plus chastement en leur brutal repaire.
Car bien qu'en leur poitrine il n'entre que fureur,
Elles ont toutesfois un tel crime en horreur,   1776
Et sans loix et raison qui guident leur courage,
Elles portent respect aux degrez du lignage.
Mais toy, serpent infect, sembles avoir tasché
D'assembler mal sur mal, peché dessur peché,   1780
Forfaict dessur forfaict, ne pouvant ta luxure
Prendre contentement que d'une horrible injure.
Tu t'es fait en un coup coupable triplement,
D'adultere, d'inceste et de violement.   1784
    O Dieux! vous monstrez bien que vous n'avez plus cure

1756 H lasches la foudre apres tes   1759 H Car ils n'irritent
1761 H Debviez-vous

De nous, ny de ce monde errant à l'avanture!
Si le soing vous touchoit des affaires humains,
S'il vous challoit de nous, ouvrage de vos mains,   1788
Ce traistre incestueux, ce violeur de femme,
Remply d'impieté, cest adultere infame
Ne vivroit à ceste heure, et n'iroit glorieux
Si long temps sans trouver la vengence des Cieux.   1792
   Helas! que nostre vie est de fallaces pleine!
Que de deguisemens en la poitrine humaine!
Que les hommes sont feints, et que leurs doubles cœurs
Se voilent traistrement de visages mocqueurs!   1796
Ce triste forestier, ce chasseur solitaire,
En geste, en contenance et en propos severe,
Retiré de plaisirs, fuyant oisiveté,
D'un visage rassis sentant sa majesté,   1800
D'un pudique regard, d'un sourci venerable,
A le cœur impudent, lascif, abominable.
   Or cour où tu voudras, traverse, vagabond,
Les terres et les mers de ce grand monde rond: 1804
Cour delà le Sarmate,* où le venteux Boree
Blanchist le chef grison du froid Hyperboree:
Cour jusqu'au Garamante,* où les torches d'enhaut
Font jaunir le sablon estincelant de chaud: 1808
Tu ne sçaurois fuir les vengeresses peines
De ton impieté, qui te suivront soudaines:
Tu ne sçaurois fuir mes homicides trets,
Qui te viendront surprendre aux lieux les plus secrets.   1812
Mes trets sont inconneus, ils sont inevitables,
Ils décochent par tout, et blessent incurables:
Rien ne leur est couvert, esloigné, destourné,
Et d'aucune distance ils n'ont leur coup borné.   1816
   Cour doncque où tu voudras, tu ne sçaurois tant faire
Qu'evites de ton mal le merité salaire.
Je te suivray par tout d'un cœur plus animeux
Que n'est pour ses petits le sanglier escumeux   1820

1789 H Ce brave   1793 H O Dieux,   1800 H portant sa magesté
1801-2 H   d'un sourcy de vieil homme
     Est lubrique, impudent, et l'amour le consomme.
1810 H qui te suyvent   1818 H le funebre salaire

Apres le caut chasseur, qui d'une main accorte
Les a prins en son fort, et larron les emporte.
   Ne sçais-tu pas, chetif, que Neptune, le Roy
Des marinieres eaux soumises à sa loy,   1824
M'a promis, en jurant par les eaux Stygiennes,
M'octroyer par trois fois, trois des demandes miennes?
   O grand Dieu marinier, c'est ores que je veux
Te presenter, dolent, le dernier de mes vœux.   1828
   Fay, mon cher geniteur, fay que tout à cette heure
En quelque part que soit Hippolyte, il y meure:
Qu'il descende aux enfers, appaisant la rancœur
Qu'irrité contre luy je porte dans le cœur.   1832
Ne me refuse point, grand Dieu: car ma priere,
Bien qu'elle te semble estre (ainsi qu'elle est) meurtriere,
Est juste toutefois, et de cerveau rassis
Je te requiers en don le meurtre de mon fils.   1836
   Je n'entreprendroy pas de te faire demande
De ce troisiesme vœu, que pour chose bien grande:
Et si je ne sentoy mon esprit angoissé
D'extremes passions extremement pressé.   1840
Tu sçais qu'estant là bas aux pieds de Rhadamante,
Prisonnier de Pluton sous la voûte relante,
J'ay tousjours espargné ce vœu, que langoureux
Je despens aujourd'huy contre ce malheureux.   1844
Souvienne toy, grand Dieu, de ta saincte promesse;
Trouble toute la mer, un seul vent ne relaisse
Au creux Eolien; mutine avec les flots
Tes grans troupeaux monstreux que la mer tient enclos. 1848
Nourrice. O maison desolee! ô maison miserable!*
  O chetive maison, maison abominable!
  O Phedre infortunee! ô credule Thesé!
  O trop chaste Hippolyte à grand tort accusé!   1852
  O moy sur tout cruelle, et digne d'une peine
  La plus griefve qui soit en l'infernale plaine!
  C'est par toy, ma Maistresse, et pour couvrir ton mal,
  Que je tramé sur luy ce crime capital.   1856
  Hé! le pauvre jeune homme, il est par ma malice,
  Comme le simple agneau qu'on meine au sacrifice.

1822 H et brigand les emporte   1829 HR fay que toute

Face des immortels la puissante bonté
Que pour ton faux mesfaict faussement raconté,   1860
Ton pere forcenant d'une rage jalouse
Ne se souille en ton sang, trompé de son espouse.

   Que c'est de nostre vie, helas! bons Dieux, que c'est
Des choses de ce monde, où n'y a point d'arrest!   1864
N'aguieres il n'estoit sur la masse terreuse
Famille qui fust tant que cette-cy heureuse,
Et aujourd'huy fortune, habile en changement,
Culbutee à l'envers l'accable en un moment.   1868

   Allez, Rois, et pensez que l'instable Fortune
Ne vous soit comme à nous une crainte commune;
Allez, et estimez que la felicité
De vos sceptres tant craints dure en eternité;   1872
Vous trebuchez souvent d'une plus grand' ruine,
D'autant que vostre main plus puissante domine.
"Les grands Rois de ce monde aupres du peuple bas
"Sont comme les rochers qui vont levant les bras   1876
"Si hauts et si puissans sur la planiere terre,
"Mais qui souvent aussi sont battus du tonnerre.

   Hà! lugubre maison, aujourd'huy ta grandeur
Tombe sous le tison d'une amoureuse ardeur!   1880
Hà! Royne desolee! auras-tu le courage
De voir faire à ton cœur, à ton cher cœur outrage?
De voir innocemment, et par ton faux rapport,
Ce chaste jouvenceau soupirer à la mort?   1884
Et toy, pauvre vieillotte, authrice malheureuse
D'un esclandre si grand pour ta Dame amoureuse,
Pourras-tu regarder le sainct thrône des Dieux?
Pourras-tu plus lever la face vers les Cieux,   1888
Et tes sanglantes mains, coupables de l'outrage
De ce jeune seigneur au plus beau de son âge?

   Il me semble desja que les flambeaux ardans
Des filles de la Nuict me bruslent au dedans: 1892
Il me semble desja sentir mille tenailles,
Mille serpens retors morceler mes entrailles.
Je porte, ains que je tombe en l'aveugle noirceur
Du rivage infernal, mon tourment punisseur.   1896

1865 H Il n'estoit cy devant   1877 H Si hauts et si membrus

Sus, sus, descen, meurtriere, en l'Orque* avecque celles
Qui sont pour leurs mesfaicts en gesnes eternelles.
Chœur. C'est aux Dieux, qui connoissent bien*
  Si nous faisons ou mal ou bien: 1900
  C'est aux Dieux, c'est aux Dieux celestes,
 Quand on commet quelques mesfaits,
  De sçavoir ceux qui les ont faits,
  Et de les rendre manifestes.   1904
 Leurs yeux percent par le travers
  De ce lourd-terrestre univers,
  Et jusque au fond de nos poitrines
 Descouvrent du plus haut des Cieux   1908
  Le dessein artificieux
  De nos entreprises malignes.
 Pourquoy donques, Porte-trident,
  Ne rens-tu ce crime evident?   1912
  Es-tu seul des Dieux qui ne sçaches
 Ce qu'au dedans les hommes font,
  Ignorant que trompeurs ils ont
  Au cœur maintes secrettes caches?   1916
 Courrouce-toy contre celuy
  Qui est cause de tout l'ennuy:
  Poursuy-le seul, et ne te laisse
 Surmonter, ô juste Neptun,   1920
  Au cry de ton fils importun,
  Qui te somme de ta promesse.
 "La promesse obliger ne doit
  "Quand elle est faite contre droit: 1924
  "Et celuy n'offense, parjure,
 "Qui refuse le don promis
  "Où il s'est librement soubmis,
  "Si c'est de commettre une injure,   1928
 C'est se decevoir seulement
  "Que promettre, et fust-ce en serment,
  "Quand on engage sa parolle
 "D'autre chose qu'on ne cuidoit;   1932
  "Si c'est promesse, elle se doit
  "Appeller promesse frivole.

1927 H Bien qu'il s'y soit libre soubmis

Qui seroit de si folle erreur
  Que lors qu'une ardente fureur   1936
  Son ami forcené maistrise,
  De luy bailler s'evertûroit
  Une dague qui le tûroit,
  Sous couleur de l'avoir promise?   1940
Ores, Neptune, que Thesé
  Brusle de trop d'ire attisé,
  D'escouter sa voix ne t'avance,
  De peur qu'à son meurtrier dessein,   1944
  Trop prompt, ne luy verses au sein
  Une eternelle repentance.
"L'ire desloge la raison
  "De nostre cerveau, sa maison;   1948
  "Puis y bruit l'ayant delogee,
  "Comme un feu dans un chaume espars,
  "Ou un regiment de soudars
  "En une ville saccagee.   1952
  "Tout ce qui se voit de serpens
  "Aux deserts d'Afrique rampans,
  "Des monstres le fameux repaire;
  "Tout ce qu'aux Hyrcaniques mons   1956
  "Loge de Tigres vagabons,
  "N'est tant à craindre qu'un colere:
  "Qu'un colere, qui maintefois
  "A tant faict lamenter de Rois,   1960
  "Despouillez de sceptre et d'Empire
  "Qui tant de braves Citez
  "A les murs par terre jettez,
  "Et tant faict de Palais destruire.   1964

ACTE V

Messager, Thesee

Messager. O la triste adventure! ô le malheureux sort!
  O desastre! ô mechef! ô deplorable mort!
Thesee. Il parle d'Hippolyte. O Dieu, je te rens grace;
  Je voy bien que ma voix a eu de l'efficace.   1968

1942 Brusle de] 1585 reads Brusle trop d'ire

Messager. Las! ne m'avoit assez malheuré le destin,
   D'avoir veu de mes yeux si pitoyable fin,
   Sans qu'il me faille encore (ô Fortune cruelle!)
   Sans qu'il me faille encore en porter la nouvelle?   1972
Thesee. Ne crain point, Messager, je veux sçavoir comment
   Ce mal est advenu; conte-le hardiment.
Messager. Le parler me defaut, et quand je m'y essaye,
   Ma langue lors muette en ma bouche begaye.   1976
Thesee. Pren courage, et me dy sans ton ame troubler,
   Quel desastre nouveau vient mon mal redoubler.
Messager. Hippolyte (ô regret!) vient de perdre la vie.
Thesee. J'estoy bien asseuré qu'ell' luy seroit ravie,   1980
   Comme il m'avoit ravy ma femme, ses amours.
   Mais nonobstant, fay moy de sa mort le discours.
Messager. Si tost qu'il fut sorti de la ville fort blesme
   Et qu'il eut attelez ses limonniers luy-mesme,   1984
   Il monte dans le char, et de la droitte main
   Leve le fouet sonnant, et de l'autre le frein.
   Les chevaux sonne-pieds d'une course esgalee
   Vont gallopant au bord de la plaine salee;   1988
   La poussiere s'esleve, et le char balancé
   Volle dessus l'essieu comme un trait eslancé.
     Il se tourne trois fois vers la Cité fuyante,*
   Detestant coleré sa luxure mechante,   1992
   Sa fraude et trahison, jurant ciel, terre et mer
   Estre innocent du mal dont on le vient blâmer.
     Il vous nomme souvent, priant les Dieux celestes
   Que les tors qu'on luy fait deviennent manifestes,   1996
   Et que la verité vous soit cogneuë, à fin
   Que vous donniez le blasme au coupable à la fin:
   Quand voicy que la mer soudainement enflee,
   Sans se voir d'aucun vent comme autrefois soufflee,   2000
   Mais calme et sommeilleuse, et sans qu'un seul flot d'eau
   Se pourmenant mutin luy fist rider la peau,
   Se hausse jusqu'au ciel, se dresse montagneuse
   Tirant tousjours plus grosse à la rive areneuse.   2004
   Jamais le froid Boree armé contre le Nort,
   Et le Nort contre luy, ne l'enflerent si fort,

1977 H sans ainsi te troubler

Bien qu'ils la troublent toute, et que de la grand' rage
Qu'ils vont boursoufflant tremble tout le rivage,   2008
Que Leucate en gemisse, et que les rocs esmeus
Blanchissent tempestez d'orages escumeux.
    Cette grand' charge d'eau seulement n'espouvante
Les vaisseaux mariniers, mais la terre pesante;   2012
Elle s'en vient roulant à grands bonds vers le bord,
Qui fremist de frayeur d'un si vagueux abord;
Nous restons esperdus, redoutant la venuë
Et la moitte fureur de ceste ondeuse nuë,   2016
Quand nous voyons paroistre ainsi qu'un grand rocher,
Qui se va sourcilleux dans les astres cacher,
La teste avec le col d'un monstre si horrible,
Que pour la seule horreur il seroit incredible.   2020
    Il nage à grand' secousse, et la vague qu'il fend,
Bouillonnant dans le ciel, comme foudre descend;
L'eau se creuse au dessous en une large fosse,
Et de flots recourbez tout alentour se bosse;   2024
Elle boust, elle escume, et suit en mugissant
Ce monstre, qui se va sur le bord eslançant.
Thesee. Quelle figure avoit ce monstre si enorme?
Messager. Il avoit d'un Taureau la redoutable forme,   2028
De couleur azuré; son col estoit couvert
Jusques au bas du front d'une hure à poil vert;
Son oreille estoit droitte, et ses deux cornes dures
Longues se bigarroyent de diverses peintures;   2032
Ses yeux estinceloyent, le feu de ses naseaux
Sortoit en respirant comme de deux fourneaux;
Son estomac espois luy herissoit de mousse,
Il avoit aux costez une grand' tache rousse;   2036
Depuis son large col qu'il eslevoit crineux,
Il monstroit tout le dos doublement espineux.
Il avoit au derriere une monstreuse taille,
Qui s'armoit jusqu'au bas d'une pierreuse escaille.   2040
Le rivage trembla, les rochers, qui n'ont peur
Du feu de Jupiter, en fremirent au cœur;
Les troupeaux espandus laisserent les campagnes,
Le berger palissant s'enfuit dans les montagnes,   2044

2021 HRX Il marche   2040 H esaille in some *tirages*

Le chasseur effroyé quitta cordes et rets,
Et courut se tapir dans le sein des forests,
Sans doute des Sangliers ny des Ours, car la crainte
Du monstre a dans leur cœur toute autre peur esteinte.   2048
Seul demeure Hippolyte, à qui la peur n'estreint
L'estomac de froideur, et le front ne desteint.
Il tient haute la face, et grave d'asseurance,
'De mon père, dist-il, c'est l'heur et la vaillance   2052
D'affronter les Taureaux; je veux en l'imitant
Aller à coup de main cettuy-cy combatant.'
  Il empoigne un espieu (car pour lors d'avanture
Le bon heros n'estoit equippé d'autre armure)   2056
Et le veut aborder, mais ses chevaux craintifs
S'acculent en arriere, et retournant retifs
Son char, malgré sa force et adroitte conduitte,
Tout pantelans d'effroy se jetterent en fuitte.   2060
  Ce Taureau furieux court après plus leger
Qu'un tourbillon de vent, quand il vient saccager
L'espoir du laboureur, que les espis il veautre
Pesle-mesle couchez dans le champ l'un sur l'autre.   2064
Il les suit, les devance, et dans un chemin creux
Fermé de grands rochers se retourne contre eux,
Fait sonner son escaille, et roüant en la teste
Ses grands yeux enflambez, annonce la tempeste.   2068
  Comme quand en esté le ciel se courrouçant*
Noircist, esclaire, bruit, les hommes menaçant,
Le pauvre vigneron presagist par tels signes,
S'outrageant l'estomac, le malheur de ses vignes.   2072
Aussi tost vient la gresle ainsi que drageons blancs
Batre le sainct Bacchus à la teste et aus flancs;
Le martelle de coups, et boutonne la terre
De ses petits raisins enviez du tonnerre.   2076
  Ainsi faisoit ce monstre, apprestant contre nous
En son cœur enfielé la rage et le courrous.
Il s'irrite soymesme, et de sa queuë entorce
Se battant les costez, se colere par force.   2080

2050 H Seul demeure Hippolyte, à qui l'ignoble peur
      Ne perse la poitrine, et ne glace le cœur.
2057 H Et va pour l'aborder   2060 HRX s'eslancerent en fuitte

Comme un jeune Taureau, qui bien loing dans un val
Voit jaloux sa genice avecque son rival
Errer parmy la plaine, incontinant il beugle
Forcenant contre luy d'une fureur aveugle.   2084
Mais premier que le joindre il s'essaye au combat,
Luitte contre le vent, se fasche, se debat,
Pousse du pied l'arene, et dedans une souche
Ses cornes enfonçant, luy mesme s'écarmouche.   2088
    Lors le preux Hippolyt, qui avecques le fouët,
Avecques la parolle et les resnes avoit
Retenu ses chevaux, comme un sçavant Pilote
Retient contre le vent son navire qui flotte,   2092
Ne sçauroit plus qu'y faire; il n'y a si bon frain,
Bride, resne ny voix qui modere leur train.
La frayeur les maistrise, et quoy qu'il s'evertue,
Il ne leur peut oster cette crainte testue.   2096
Ils se dressent à mont, et de trop grand effort
L'escume avec le sang de la bouche leur sort.
Ils soufflent des naseaux et n'ont aucune veine,
Nerf ny muscle sur eux qui ne tende de peine.   2100
    Comme à les arrester il se travaille ainsi,
Et qu'eux à reculer se travaillent aussi,
Voicy venir le Monstre, et à l'heure et à l'heure
Les chevaux esperdus rompent toute demeure;   2104
S'eslancent de travers, grimpent au roc pierreux,
Pensant tousjours l'avoir en suitte derriere eux.
Hippolyte au contraire essaye à toute force
D'arrester leur carriere, et en vain s'y efforce;   2108
Il se penche la teste, et, à force de reins,
Tire vers luy la bride avecques les deux mains.
La face luy degoute. Eux, que la crainte presse,
Au lieu de s'arrester redoublent leur vistesse,   2112
Il est contraint de cheoir, et de malheur advient
Qu'une longue laniere en tombant le retient;
Il demeure empestré, le neud tousjours se serre
Et les chevaux ardans le trainent contre terre   2116

2101-2 HRX Pendant qu'à les chasser il se travaille ainsi
         Et qu'eux à ne bouger
2112 HRX N'arrestant pour cela

A travers les halliers et les buissons touffus,
Qui le vont deschirant avec leurs doigts griffus;
La teste luy bondist et ressaute sanglante,
De ses membres saigneux la terre est rougissante, 2120
Comme on voit un limas qui rampe advantureux
Le long d'un sep tortu laisser un trac glaireux.
Son estomac, ouvert d'un tronc pointu, se vuide
De ses boyaux trainez sous le char homicide; 2124
Sa belle ame le laisse, et va conter là bas,
Passant le fleuve noir, son angoisseux trespas.
De ses yeux etherez la luisante prunelle
Morte se va couvrant d'une nuit eternelle. 2128
    Nous, que la peur avoit dés la commencement
Separez loing de luy, accourons vistement
Où le sang nous guidoit d'une vermeille trace,
Et là nous arrivons à l'heure qu'il trespasse. 2132
Car les liens de cuir, qui le serroyent si fort,
Rompirent d'advanture, usez de trop d'effort,
Et le laisserent prest de terminer sa peine,
Qu'il retenoit encore avec un peu d'haleine. 2136
    Ses chiens autour de luy piteusement hurlans
Se monstroyent du malheur de leur maistre dolens.
Nous qui l'avons servi, nous jettons contre terre,
Nous deschirons la face, et chacun d'une pierre 2140
Nous plombons la poitrine, et de cris esclatans,
Palles et deformez, l'allons tous lamentans.
Les uns luy vont baisant les jambes desja roides,
Les autres l'estomac, les autres ses mains froides; 2144
Nous luy disons adieu, maudissant le destin,
Le char, les limonniers et le monstre marin,
Causes de son malheur: puis dessur nos espaules
L'apportons veuf de vie estendu sur des gaules. 2148
    Or je me suis hasté pour vous venir conter
Ce piteux accident, qu'il vous convient domter.
Thesee. J'ay pitié de son mal, bien qu'un cruel supplice
Ne soit digne vengence à si grand malefice. 2152
Messager. Si vous avez voulu qu'il mourust, et pourquoy

2147–8 H   puis mis sur quatre gaules,
L'apportons veuf de vie avecques les espaules.

De sa mort poursuivie avez-vous de l'esmoy?

Thesee. Je ne suis pas dolent qu'il ait perdu la vie,
Mais seulement dequoy je la luy ay ravie.   2156

Messager. Dequoy sert vostre dueil? Soit bien fait, ou mal fait,
Il ne peut desormais qu'il ne demeure fait.

Prenez donc patience, et faites qu'on luy dresse
La pompe d'un tombeau digne de sa noblesse.*   2160

Phedre, Thesee

Phedre. O malheureuse Royne entre celles qui sont
Regorgeant de malheurs par tout ce monde rond!
O mechante homicide! ô detestable femme!
O cruelle! ô traistresse! ô adultere infame!   2164

Thesee. Quelle nouvelle rage entre en vous maintenant?
Pour quel nouveau desastre allez-vous forcenant?
Dites, ma douce Amie, avez-vous receu ores
Quelque nouvel ennuy, que je poursuive encores?   2168

Phedre. O credule Thesee, et par mon faux rapport
Faict coupable du sang de ce pauvre homme mort!
Apprenez de ne croire aux plaintes sanguinaires
Que vous font mechamment vos femmes adulteres.   2172

Hippolyte, Hippolyte, helas! je romps le cours,
Par une ardante amour, de vos pudiques jours.
Pardonnez-moy, ma vie, et sous la sepulture
N'enfermez indigné cette implacable injure;   2176
Je suis vostre homicide, Hippolyte, je suis
Celle qui vous enferme aux infernales nuits;
Mais de mon sang lascif je vay purger l'offense
Que j'ay commise à tort contre vostre innocence.   2180

O Terre! créve toy, créve toy, fends ton sein,
Et m'englouti cruelle en un gouffre inhumain.
Et toy, porte-trident, Neptune, Roy des ondes,
Que n'as-tu dechaisné tes troupes vagabondes   2184
Contre mon traistre chef, plustost que par un voeu
Faict d'un homme credule occire ton nepveu?
Je suis seule coupable, et suis la malheureuse

2157–8 H Vos pleurs n'y servent rien, ce que vous avez faict
              Ne peut estre autrement qu'il ne demeure faict.
2160 HRX de sa prouësse

Qui t'ay faict despouiller cette ame vertueuse.   2188
Que pleust aux justes Dieux, que jamais du Soleil
Naissant je n'eusse veu le visage vermeil!
Ou si je l'eusse veu, qu'une rousse Lionne
M'eust petite engloutie en sa gorge felonne.   2192
A fin que devoree en cet aĝe innocent,
Je ne fusse aujourd'huy ce beau corps meurtrissant!

   O moy pire cent fois que ce Monstre, mon frere,
Ce monstre Homme-toreau, deshonneur de ma mere!   2196
Thesé s'en peut garder, mais de mon cœur malin
Vous n'avez, Hippolyte, evité le venin.
Les bestes des forests, tant fussent-elles fieres,
Les Sangliers, les Lions, les Ourses montagneres   2200
N'ont peu vous offenser, et moy d'un parler feint
Irritant vostre pere ay vostre jour esteint.

   Las! où est ce beau front? où est ce beau visage,
Ces beaux yeux martyrans, nostre commun dommage?   2204
Où est ce teint d'albastre, où est ce brave port,
Helas! helas! où sont ces beautez, nostre mort?
Ce n'est plus vous, mon cœur, ce n'est plus Hippolyte:
Las! avecques sa vie est sa beauté destruite.   2208

   Or recevez mes pleurs, et n'allez reboutant
La chaste affection de mon cœur repentant;
Recevez mes soupirs, et souffrez que je touche
De ce dernier baiser à vostre tendre bouche.   2212

   Belle ame, si encor vous habitez ce corps,
Et que tout sentiment n'ayez tiré dehors,
S'il y demeure encor de vous quelque partie,
Si vous n'estes encor de luy toute partie;   2216
Je vous prie, ombre sainte, avec genous pliez,
Les bras croisez sur vous, mes fautes oubliez.
Je n'ay point de regret de ce que je trespasse,
Mais dequoy trespassant je n'ay pas vostre grace:*   2220
La mort m'est agreable, et me plaist de mourir.
Las! et que puis-je moins qu'ore à la mort courir,
Ayant perdu ma vie, et l'ayant, malheureuse,
Perdue par ma faute en ardeur amoureuse?   2224
Le destin envieux et cruel n'a permis
Que nous puissions vivans nous embrasser amis:

Las! qu'il permette aumoins que de nos ames vuides
Nos corps se puissent joindre aux sepulchres humides. 2228
　Ne me refusez point, Hippolyte, je veux
Amortir de mon sang mes impudiques feux.
Mes propos ne sont plus d'amoureuse destresse,
Je n'ay rien de lascif qui vostre ame reblesse; 2232
Oyez-moy hardiment, je veux vous requerir
Pardon de mon mesfait, devant que de mourir.
　O la plus belle vie, et plus noble de celles
Qui pendent aux fuseaux des fatales Pucelles! 2236
O digne, non de vivre en ce rond vicieux,
Mais au ciel nouvel astre entre les demy-Dieux!
Las! vous estes esteinte, ô belle et chere vie,
Et plustost qu'il ne faut vous nous estes ravie! 2240
Comme une belle fleur, qui ne faisant encor
Qu'entr'ouvrir à demy son odoreux thresor,
Atteinte d'une gresle à bas tombe fanie
Devant que d'estaller sa richesse espanie. 2244
　Or sus, flambante espee, or sus, appreste toy,
Fidelle à ton seigneur, de te venger de moy:
Plonge toy, trempe-toy jusques à la pommelle
Dans mon sang, le repas de mon ame bourrelle. 2248
　Mon cœur, que trembles-tu? quelle soudaine horreur,*
Quelle horreur frissonnant allentist ta fureur?
Quelle affreuse Megere à mes yeux se presente?
Quels serpens encordez, quelle torche flambante? 2252
Quelle rive escumeuse, et quel fleuve grondant,
Quelle rouge fournaise horriblement ardant?
Hà! ce sont les Enfers, ce les sont, ils m'attendent,
Et pour me recevoir leurs cavernes ils fendent. 2256
　Adieu, Soleil luisant, Soleil luisant, adieu!
Adieu, triste Thesee! adieu, funebre lieu!
Il est temps de mourir, sus, que mon sang ondoye
Sur ce corps trespassé, courant d'une grand' playe. 2260
Chœur. Faisons, ô mes compagnes,
　Retentir les montagnes
　Et les rochers secrets
　De nos regrets. 2264

2230 H Esteindre de mon sang

Que la mer, qui arrive
  Vagueuse à nostre rive
  Face rider les flots
  De nos sanglots.   2268
Que les larmes roulantes
  De nos faces dolentes,
  Des sablonneux ruisseaux
  Enflent les eaux.   2272
Et toy, Soleil, lumiere
  Du monde journaliere,
  Cache ton œil honteux
  D'un ciel nuiteux.   2276
Nos fortunes funebres
  Se plaisent aux tenebres
  Commodes sont les nuits
  A nos ennuis.   2280
Dequoy plus nostre vie
  Sçauroit avoir envie
  En ce funeste dueil
  Que du cercueil?   2284
Ville Mopsopienne,*
  Ta grandeur ancienne
  Sent du sort inhumain
  La dure main.   2288
Jupiter, nostre pere,
  Jamais de main severe
  Ne combla tant Cité
  D'adversité.   2292
Or ces corps, dont la Parque
  L'ame et la vie embarque,
  Honorons de nos pleurs
  Au lieu de fleurs.   2296
Les pleurs doivent sans cesse,
  Tombant en pluye espesse,
  Témoigner la langueur
  De nostre cœur.   2300
Plombons nostre poitrine
  D'une dextre mutine,
  Et nous faisons de coups

L'estomac roux.   2304
Que sçaurions-nous mieux faire,
    Voyant le ciel contraire
    Ruer tant de mechef
    Sur nostre chef?   2308
Thesee. O Ciel! ô Terre mere! ô profonde caverne
Des Démons ensoulfrez, inevitable Averne!
O Rages! ô Fureurs! ô Dires,* les esbats
Des coupables esprits, qui devalent là bas!   2312
Erebe, Phlegethon, et toy, pleureux Cocyte,
Qui te traines errant d'une bourbeuse suite;
Vous, Serpens, vous, Dragons, vous Pestes, et vous tous
Implacables bourreaux de l'infernal courroux,   2316
Navrez, battez, bruslez mon ame criminelle
De fer, de foüets sonnans et de flamme eternelle.
J'ay, mechant parricide, aveuglé de fureur,
Faict un mal dont l'enfer auroit mesmes horreur.   2320
J'ay meurtry mon enfant, mon cher enfant (ô blasme!)
Pour n'avoir pleu, trop chaste, à ma mechante femme!
    O pere miserable! ô pere malheureux!
O pere infortuné, chetif et langoureux!   2324
Hé! hé!* que fay-je au monde? et que sous moy la terre
Ne se fend, et tout vif en ses flancs ne m'enserre?
Peut bien le ciel encore, et ses hostes, les Dieux,
Me souffrir regarder le Soleil radieux?   2328
Peut bien le Dieu tonnant, le grand Dieu qui nous lance
La foudre et les esclairs, me laisser sans vengence?
    Las! que ne suis-je encore où j'estois, aux enfers,
Enfermé pieds et mains d'insupportables fers?   2332
Et pourquoy de Pluton m'as-tu recous, Alcide,
Pour rentrer, plus coupable, au creux Acherontide?
Eac',* ne te tourmente, encores que je sois
Eschapé de ta geole, où vif je languissois,   2336
Je porte mon martyre, et pour changer de place
Je n'ay changé mon dueil, qui me suit à la trace.
Je suis comblé d'angoisse, et croy que tout le mal
Des esprits condamnez n'est pas au mien egal.   2340
    Puis je vay redescendre, attrainant dans l'abysme
2333 H recours

Ma femme et mon enfant, devalez par mon crime:
Je meine ma maison, que j'estois tout exprés
Venu precipiter, pour trebucher aprés. 2344
   Sus, que tardes-tu donc? une crainte couarde
Te rend elle plus mol que ta femme paillarde?
Craindras-tu de t'ouvrir d'une dague le flanc?
Craindras-tu de vomir une mare de sang, 2348
Où tu laves ta coulpe, et l'obseque tu payes
Au corps froid d'Hippolyte, et rechauffes ses playes?
Non, tu ne dois mourir: non, non, tu ne dois pas
Expier ton forfait par un simple trespas. 2352
Mais si, tu dois mourir, à fin que tu endures
Plustost sous les Enfers tes miseres futures.
Non, tu ne dois mourir: car peut estre estant mort,
Ton beau pere Minos excuseroit ton tort, 2356
Et sans peine et destresse irois de ton offence
Boire en l'oublieux fleuve une longue oubliance.
Il vaut donc mieux survivre, il me vaut donques mieux
Que je vive en langueur tant que voudront les Dieux. 2360
Il vaut mieux que je vive, et repentant je pleure,
Je sanglotte et gemisse, et puis en fin je meure.
   En quel roc caverneux, en quel antre escarté
(Que ne dore jamais la celeste clarté) 2364
Porteray-je ma peine? en quel desert sauvage
Useray-je l'ennuy de mon sanglant veuvage?
Je veux choisir un lieu commode à mon tourment,
Où le mortel Hibou lamente incessamment; 2368
Où n'arrive personne, où tousjours l'hiver dure,
Où jamais le Printemps ne seme sa verdure;
Que tout y soit funebre, horrible et furieux,
Et que tousjours mon mal se presente à mes yeux. 2372
Là, pour sur moy venger, et sur le bleu Neptune,
Mon fils par nous meurtry d'une faute commune,
Diane, puisses-tu faire sortir dehors
De tes bois un Lion qui derompe mon corps, 2376
Et mes membres moulus cuise dans ses entrailles,
Indignes d'autre tombe et d'autres funerailles.
   Or adieu, mon enfant, que bien tost puisses-tu
Voir les champs Elysez, loyer de ta vertu. 2380

Que puisses-tu bien tost dedans l'onde oublieuse
Ensevelir mon crime, et ta mort outrageuse.
Adieu, mon fils, adieu, je m'en vay langoureux
Consommer quelque part mon âge malheureux.* 2384

FIN DE LA TRAGEDIE D'HIPPOLYTE

MARC ANTOINE
TRAGEDIE

A MONSEIGNEUR DE PIBRAC*

Conseiller du Roy en son privé Conseil,
President en sa Cour de Parlement,
et Chancelier de Monsieur, Frere de Sa Majesté.

A qui doy-je plus justement presenter de mes poëmes qu'à vous,
Monseigneur, qui les avez le premier de tous favorisez, leur
donnant hardiesse de sortir en public, et qui vous mesmes, nous
traçant le chemin de Pierie, y allez souvent chanter des vers,   4
dont la nombreuse perfection et saincte majesté ravit nos esprits,
estonnez d'ouir de si doctes merveilles? Mais sur tout, à qui
mieux qu'à vous se doivent addresser les representations Tragiques
des guerres civiles de Rome, qui avez en telle horreur nos   8
dissentions domestiques et les malheureux troubles de ce Royaume
aujourd'huy despouillé de son ancienne splendeur et de la
reverable majesté de nos Rois, prophanee par tumultueuses
rebellions? Pour ces causes, Monseigneur, et à fin de conjouir   12
avec toute la France de la nouvelle dignité dont nostre bon Roy
a n'agueres, pour le bien de son peuple et ornement de sa
Justice, liberalement decoré vostre vertu, je vous consacre ce
Marc Antoine, chargé de son autheur de s'aller tres-humblement   16
presenter à vos yeux, et vous dire que s'il a (comme j'espere) cest
honneur de vous estre agreable, il ne craindra d'aller cy apres la
teste levee par tout, asseuré de ne trouver sous vostre nom que
bon et honorable recueil de tout le monde; et que les autres   20

2 MRX le premier de tous orné, favorisé, et donné hardiesse
3–5 M ayant traversé de la Grece és provinces d'Asie pour lever argent, à fin
    de mettre ordre au payement de son armee, fit adiourner Cleopatre Royne
    d'Egypte, pour comparoir devant luy en Cilice, chargee d'avoir favorisé le
    party des ennemis. De laquelle, estant arrivee en royale magnificence, il
    fut aussi tost épris: de sorte que sans avoir soucy ...
    RX ayant traversé de la Grece és provinces d'Asie ... (otherwise as 1585)

ouvrages qui viennent apres, encouragez de ceste faveur, se hasteront de voir le jour, pour marcher en toute hardiesse sur le theatre François, que vous m'avez jadis fait animer au bord de
24   vostre Garomne.*

Vostre affectionné serviteur,
ROBERT GARNIER

Among the complimentary poems prefixed to MARC ANTOINE is the following quatrain by Françoise Hubert, who married Garnier in probably 1575.

> Malgré du Temps le perdurable cours,
> Ton nom caché dedans l'onde oublieuse,
> Reflorira, Cleopatre amoureuse,
> Ayant GARNIER chantre de tes amours.

FRANÇOISE HUBERT

ARGUMENT DE LA TRAGEDIE DE MARC ANTOINE

Apres la desfaicte de Brute et de Cassie pres la ville de Philippes, où la liberté Romaine rendit les derniers souspirs, M. Antoine, ayant traversé és provinces d'Asie, fut tellement espris de la
4   singuliere beauté de Cleopatre, Roine d'Egypte, arrivee en Cilice en royale magnificence, que sans avoir souci des affaires de Rome, et de la guerre des Parthes qu'il avoit sur les bras, il se laissa par elle conduire en sa ville d'Alexandrie, où il passa le
8   temps en toutes especes de delices et amoureux esbatemens. Et bien qu'apres la mort de sa femme Fulvie il eust espousé Octavie, sœur du jeune Cesar, belle et vertueuse Dame à merveilles, et qu'il eust desja eu d'elle de beaux enfans; ce neantmoins l'amour
12   de ceste Royne avoit tant gaigné et fait de si profondes breches en son cœur, qu'il ne s'en peut retirer: d'où Cesar print occasion de s'offenser et de luy faire guerre. Ils se rencontrerent avec toutes leurs forces en bataille navale pres le chef d'Actie, où M.
16   Antoine, ayant, sur l'ardeur du combat, descouvert sa Dame, (dont il s'estoit lors accompagné) faire voile, et se mettre en fuite avec soixante vaisseaux qu'elle conduisoit, fut si transporté d'entendement, qu'il se tira soudain du milieu de sa flotte, et se

17 MRX accompagné] faisant desployer les voiles pour se mettre

meist honteusement à la suyvre, abandonnant ses gens, qui, apres   20
quelque devoir, furent mis en route et contraints pour la pluspart
de se rendre au vainqueur. Il se retira avec elle en Alexandrie,
où Cesar le poursuivit, sur le renouveau. Il alla camper tout
joignant les murailles de la ville, et y assiegea Antoine: qui apres   24
quelques braves sorties, se voyant abandonné de ses gens, qui
s'alloyent journellement et à la file rendre à Cesar, eut quelque
imagination sur Cleopatra qu'elle s'entendist avec luy pour le
ruiner, et par sa ruine moyenner son accord. Parquoy elle,   28
redoutant sa fureur et desespoir, se retira avec deux de ses femmes
dedans le monument qu'elle avoit fait superbement bastir. Puis
envoya luy dire qu'elle estoit morte. Ce qu'il creut tellement,
qu'apres quelques regrets il commanda à un sien serviteur de le   32
tuer: lequel ayant prins l'espee, et s'en estant donné dedans le
corps, tomba mort aux pieds de son maistre, qui la relevant, se la
planta dedans le ventre, dont toutesfois il ne mourut sur l'heure:
ains s'estant jetté sur un lict, et luy ayant esté annoncé que   36
Cleopatre vivoit, se fist porter vers elle jusque à la porte du
sepulchre, qui ne luy fut ouverte: seulement elle jetta quelques
chaisnes et cordages par les fenestres, où l'on l'empaqueta demy-
mort. Et ainsi fut tiré tout sanglant par Cleopatre et ses deux   40
femmes, puis couché honorablement sur un lict, et ensepulturé.
Ce pendant l'un des gardes d'Antoine ayant reserré l'espee apres
qu'il s'en fut frappé, la porta, toute saigneuse comme elle estoit,
à Cesar, avec les nouvelles de sa mort. Voyla le sujet de ceste   44
Tragedie, amplement discouru par Plutarque en la vie d'Antoine,
et au 51. livre de Dion.

23–5 M où Cesar lors ne le poursuivit, ains remit ce voyage à l'annee ensuivant,
      pendant qu'il s'employroit à reduire les villes de Grece et d'Asie à son
      obeissance. Ce qui luy fut aisé, chacun des Princes et Communautez des
      alliances d'Antoine, pensant incontinent à ses affaires et traittant appointe-
      ment avec Cesar: lequel sur le renouveau passé en Egypte, alla camper
      tout joignant la ville, et y assiegea Antoine: qui apres quelques braves
      sorties sur l'ennemy, se voyant abandonné …
38 M qui ne luy fut pourtant ouvert: seulement …
39 M par les fenestres du lieu où l'on l'empaqueta …
43 M toute saigneuse qu'elle estoit …

ACTEURS*

Marc Antoine
Philostrate, *Philosophe*
Cleopatre

Charmion, ⎱ *Femmes d'honneur*
Eras ⎰ *de Cleopatre*
Diomede, *Secretaire de Cleopatre*

Lucile, *amy d'Antoine*

Octave Cesar
Agrippe, *Amy de Cesar*
Euphron, *gouverneur des*
enfans de Cleopatre
Les Enfans de Cleopatre

Dircet, *Archer des gardes*
d'Antoine
Le Chœur d'Egyptien
Le Chœur des Soldars de
Cesar

MARC ANTOINE

Marc Antoine

Marc Antoine. Puisque le ciel cruel encontre moy s'obstine,
    Puisque tous les malheurs de la ronde machine
    Conspirent contre moy; que les hommes, les Dieux,
    L'air, la terre, et la mer me sont injurieux,   4
    Et que ma Royne mesme en qui je soulois vivre,
    Idole de mon cœur, s'est mise à me poursuivre,
    Il me convient mourir. J'ay pour elle quitté
    Mon païs, et Cesar à la guerre incité,   8
    Vengeant l'injure faicte à sa sœur mon espouse,
    Dont Cleopatre estoit à mon malheur jalouse;
    J'ay mis pour l'amour d'elle, en ses blandices pris,
    Ma vie à l'abandon, mon honneur à mespris,   12
    Mes amis dedaignez, l'Empire venerable
    De ma grande Cité devestu miserable;
    Dedaigné le pouvoir qui me rendoit si craint,
    Esclave devenu de son visage feint.   16
      Inhumaine, traistresse, ingrate entre les femmes,
    Tu trompes, parjurant, et ma vie et mes flammes;
    Et me livres, mal-sage, à mes fiers ennemis,
    Qui bien tost puniront ton parjure commis.   20
      Tu as rendu Peluse,* abord à ceste terre,
    Rendu tous mes vaisseaux et mes hommes de guerre,
    Si que je n'ay plus rien, tant je suis delaissé,

1 MRX contre moy se mutine
5–12 MRX Il ne me faut plus vivre: et que ma Royne mesme,
        L'idole de mon cœur, me travaille de mesme:
        Apres que mon païs pour elle j'ay quitté,
        Que j'ay Cesar pour elle à la guerre irrité, (RX: incité)
        Vengeant l'injure faicte à sa sœur, mon espouse,
        Sa sœur, dont elle estoit à mon malheur jalouse:
        Et apres que pour elle, et de ses beautez pris
        J'ay mis le bien, la vie, et l'honneur à mespris,
15 MRX Devestu le pouvoir

Que ces armes icy, que je porte endossé.   24
Tu les deusses avoir, pour despouillé me rendre
En la main de Cesar sans me pouvoir defendre.
Car tant qu'elles seront en ma main, que Cesar
Ne me pense mener trionfé dans un char;   28
Non, que Cesar ne pense orner de moy sa gloire
Et dessur moy vivant exercer sa victoire.

Toy seule, Cleopatre, as trionfé de moy,
Toy seule as ma franchise asservy sous ta loy,   32
Toy seule m'as vaincu, m'as domté, non de force,
(On ne me force point) mais par la douce amorce
Des graces de tes yeux, qui gaignerent si bien
Dessur ma liberté, qu'il ne m'en resta rien.   36
Nul autre desormais que toy, ma chere Roine,
Ne se glorifiera de commander Antoine.

Ait Cesar la fortune, et tous les Dieux amis,
Luy ayent Jupiter, et les destins promis   40
Le sceptre de la terre, il n'aura la puissance
De soumettre ma vie à son obeïssance.

Mais apres que la mort, mon courageux recours,
De mon instable vie aura borné le cours,   44
Et que mon corps glacé sous une froide lame
Dans le sein d'un tombeau sera veuf de son ame;
Alors tant qu'il voudra l'assugetisse à soy,
Alors ce qu'il voudra Cesar face de moy,   48
Me face demembrer piece à piece, me face
Inhumer dans les flancs d'une Louve de Thrace.

O miserable Antoine! hé! que te fut le jour,
Le jour malencontreux que te gaigna l'Amour!   52
Pauvre Antoine, dés l'heure une palle Megere*
Crineuse de serpens, encorda ta misere!
Le feu qui te brusla n'estoit de Cupidon,
(Car Cupidon ne porte un si mortel brandon)   56

25 MRX Que tu deusses avoir
27 MRX Car tandis que j'auray mes armes, que Cesar
29 MRX Non, ne pense Cesar orner de moy sa gloire,
37 MRX que toy, que toy ma Roine,   46 MRX Couvercle d'un tombeau,
47 M Alors tant qu'il voudra Cesar brave de moy,
    RX Alors tant qu'il voudra m'assugetisse à soy,
56 MRX Car Cupidon n'attise

Ainçois d'une Furie, ains le brandon qu'Atride*
Sentit jadis brusler son ame parricide,
Quand errant forcené, la rage dans le sang,
Il fuyoit son forfait, qui luy pressoit le flanc,   60
Empreint en sa moüelle, et le fantôme palle
De sa mere, sortant de l'onde Stygiale.
   Antoine, pauvre Antoine, helas! dés ce jour-la,
Ton ancien bon-heur de toy se recula;   64
Ta vertu devint morte, et ta gloire animee
De tant de faicts guerriers se perdit en fumee.
Dés l'heure, les Lauriers, à ton front si connus,
Mesprisez, firent place aux Myrtes de Venus,   68
La trompette aux hauts-bois, les piques et les lances,
Les harnois esclatans aux festins et aux dances.
Dés l'heure, miserable! au lieu que tu devois
Faire guerre sanglante aux Arsacides Rois,*   72
Vengeant l'honneur Romain, que la route de Crasse*
Avoit desembelly, tu quittes la cuirasse
Et l'armet effroyant, pour d'un courage mol
Courir à Cleopatre, et te pendre à son col,   76
Languir entre ses bras, t'en faire l'idolatre:
Bref, tu soumets ta vie aux yeux de Cleopatre.
Tu t'arraches en fin, comme un homme charmé
S'arrache à l'enchanteur, qui le tient enfermé   80
Par un forçable sort: car ta raison premiere,
Debrouillant les poisons de ta belle sorciere,
Reguarit ton esprit: et lors de toutes pars
Tu fais refourmiller la terre de soudars;   84
L'Asie en est couverte, et ja l'Eufrate tremble,
De voir dessur son bord tant de Romains ensemble
Souffler l'horreur, la rage, et d'un œil menaçant
Aller à gros scadrons ses ondes traversant.   88
   On ne voit que chevaux, qu'armes estincelantes,
On n'oit qu'un son hideux de troupes fremissantes,
Le Parthe et le Medois abandonnent leurs biens,
Et se cachent, peureux, aux monts Hyrcaniens,*   92

57 M Ainçois d'une Furie, et tel que l'Atreïde
   RX Ainçois d'une Furie, et tel tel que l'Atride
58 MRX Sentit ardre, brusler   81 MRX un contraire sort

Redoutant ta puissance: adonc te prend envie
D'assieger la grand' Phraate,* honneur de la Medie;
Tu campes à ses murs, que tu assaus sans fruit,
Pour n'y avoir (malheur!) tes machines* conduit.   96

  Tandis tu fais sejour, tandis tu te reposes,
Et tandis ton amour, nourry de telles choses,
Se refait, se reforme, et peu à peu reprend
Sa puissance premiere et redevient plus grand;   100
De ta Royne les yeux, les graces, les blandices,
Les douceurs, les attraits, amoureuses delices,
Rentrent dans ton ame, et de jour et de nuit,
Veillant ou sommeillant, son idole te suit.   104
Tu ne songes qu'en elle, et te repens sans cesse
D'avoir, pour guerroyer, laissé telle Deesse.

  Des Parthes tu n'as plus ny de leurs arcs souci,
D'escarmouches, d'assauts, ne d'allarmes aussi,   108
De fossez, de rampars, de gardes, ne de rondes:
Tu ne veux que revoir les Canopides* ondes,
Et le visage aimé, dont le semblant moqueur,
Errant en ta moüelle, envenime ton cœur.   112
Son absence t'affole, et chaque heure, et chaque heure
Te semble, impatient, d'un siecle la demeure.
Assez tu penses vaincre, avoir du los assez,
Si bien tost tu revois les sillons herissez   116
De l'Egypte feconde, et sa rive estrangere
Que ta Royne, autre Phar',* de ses beaux yeux esclaire.

  Te voyla de retour, sans gloire, mesprisé,
Lascivement vivant d'une femme abusé,   120
Croupissant en ta fange: et ce pendant n'as cure
De te femme Octavie, et de sa geniture,*
De qui le long mespris aiguise contre toy
Les armes de Cesar, qui te donnent la loy.   124

  Tu pers ton grand Empire, et tant de citez belles,
Qui veneroyent ton nom, t'abandonnent rebelles,
S'elevent contre toy, suivant les estandars
De Cesar, qui vainqueur t'enclost de toutes pars;   128
T'enferme dans ta ville, où à peine es-tu maistre
De toy, qui le soulois de tant de peuples estre.

102 MRX les amoureux delices

Mais encor', mais encor', ce qui t'est le plus grief,
Et de tous les mechefs le supreme mechef,   132
Helas! c'est Cleopatre, helas! helas! c'est elle
C'est elle qui te rend ta peine plus cruelle,
Trahissant ton amour, ta vie trahissant,
Pour complaire à Cesar qu'elle va cherissant;*   136
Pensant garder son sceptre, et rendre la Fortune
Adversaire à toy seul, qui doit estre commune.
   Si l'aymé-je tousjours, et le premier flambeau
De sa meurtriere amour m'ardra dans le tombeau.   140
Bien d'elle je me plains de ne m'estre loyale,
Et de n'avoir constance à ma constance egale,
Consolant mon malheur, et ne me desprisant
Non plus que quand le Ciel m'alloit favorisant.   144
"Mais quoy? le naturel des Femmes est volage,
"Et à chaque moment se change leur courage.
"Bien fol qui s'y abuse, et qui de loyauté
"Pense jamais trouver compagne une beauté.   148
Chœur. Tousjours la tempeste bruyante*
   "Les vagues ne fait escumer,
   "Tousjours Aquilon ne tourmente
   "Le repos de l'ondeuse mer;   152
   "Tousjours du marchand, qui traverse
   "Pour le prouffit jusqu'au Levant,
   "Le navire creux ne renverse
   "Sous le flot agité du vent.   156
"Tousjours Jupiter ne desserre,
   "Animé de sanglant courroux,
   "Les traits flambants de son tonnerre
   "Contre les rocs et contre nous;   160
   "Tousjours l'ardant Esté ne dure
   "Sur le sein des champs endurci,
   "Et tousjours la gourde froidure
   "Ne les endurcist pas aussi.   164
"Mais tousjours, tandis que nous sommes
   "En ce bas monde sejournant,
   "Les malheurs, compagnons des hommes,

131 M ce qui m'est   134 M me rend ma peine   135 M mon amour, ma vie
138 M a moy seul

"Vont nostre vie entretenant;   168
"Les adversitez eternelles
"Se perchent dessur nostre chef,
"Et ne s'en vont point qu'au lieu d'elles
"Ne survienne un plus grand mechef.   172
"Nature en naissant nous fait estre
"Sugets à les souffrir tousjours;
"Comme nous commençons à naistre,
"A naistre commencent leurs cours;   176
"Et croissant nostre mortel age,
"Ces malheurs avec nous croissant
"Nous vont tenaillant davantage
"Et davantage tirassant.   180
"De rien les grandeurs passageres
"N'y servent: car plus elles sont
"Superbes, et plus les miseres
"A l'encontre levent le front.   184
"Aux couronnes elles s'attachent,
"Les menaçant, et maintefois
"De grande fureur les arrachent
"Du chef tyrannique des Rois.   188
"En vain par les ondes segrettes
"Nous irons pour les eviter,
"Aux Scythes et aux Massagetes,*
"Loin sur le Boree habiter;   192
"En vain sur les plaines boüillantes
"Où Phebus lance ses rayons;
"Tousjours nous les aurons presentes
"En quelque part que nous soyons.   196
"Les tenebres plus obstinees
"Ne joignent la pesante nuict,
"La clairté dorant les journees
"De plus pres le Soleil ne suit,   200
"Et ne suit plus opiniatre
"L'ombre legere un corps mouvant,
"Que le malheur pour nous abatre
"Sans cesse nous va poursuivant.   204
"Heureux qui jamais n'eut de vie,

195 MRX Car tousjours les aurons

"Ou que la mort dés le berceau
  "Luy a, pitoyable, ravie,
  "L'emmaillotant dans le tombeau.   208
  "Heureux encore en sa misere,
  "Qui le cours d'une vie usant
  "Loin des Princes se va retraire,
  "Et leurs charges va refusant.   212
Pour avoir le caut Promethee
  Par fraude prins le sacré feu,
  Des grands Dieux la dextre irritee
  A le tas des malheurs esmeu,   216
  Et des tremblantes maladies,
  Qui vont avançant nostre fin,
  Pour punir nos mains trop hardies
  De faire un celeste larcin.*   220
Tousjours depuis la race humaine,
  Odieuse au ciel, n'a cessé
  De porter la poitrine pleine
  De mal l'un sur l'autre entassé: 224
  Maintenant le malheur espine
  De mille et mille afflictions
  Nostre ame, qui toute divine
  Vivoit franche de passions.   228
Les guerres et leur suitte amere
  Font icy de long temps sejour,
  Et la crainte de l'adversaire
  Augmente en nos cœurs nuict et jour.   232
  Nostre malheur tousjours empire:
  Moindre estoit hier nostre ennuy
  Qu'ores, et demain sera pire
  Que n'est encores ce jourdhuy.   236

ACTE II

Philostrate. Quelle horrible Megere, enragément cruelle.
  Ore à si grande outrance, Egypte, te bourrelle?
  As-tu tant irrité les Dieux par ton forfait?
  As-tu commis contre eux un si coupable faict   240
  Que leur main rougissante, en menaces levee,

Vueille estre dans ton sang meurtrierement lavee?
Et leur bruslant courroux qui ne s'appaise point,
Nous aille sans pitié foudroyer de tout poinct?   244
   Nous ne sommes issus de la monstreuse masse
Des Geans* conjurez, ne sortis de la race
Du languard Ixion,* en faux amours menteur;
Ny du fier Salmoné,* de vains foudres auteur;   248
Ny du cruel Tantal', ny d'Atré, dont la table
Fut tant, pour se venger, à Thyeste execrable,
Et au luisant Soleil, qui voyant tel repas,
De l'horreur qu'il en eut retourna sur ses pas,   252
Et de ses limonniers hastant la course pronte
Alla fondre en la mer, et s'y cacha de honte:
A l'heure la nuit sombre au monde s'espandit,
Et sa robe estoilee en plein jour estendit.   256
   Mais quoy que nous soyons, et quelques malefices
Que nous ayons commis, helas! de quels supplices
Et plus aigres tourmens peuvent monstrer les Dieux
A la terre et au ciel qu'ils nous ont odieux?   260
De soudars estrangers horribles en leurs armes,
Nostre terre est couverte, et nos peuples de larmes:
Rien que d'effroy, d'horreur on ne voit entre nous,
Et la presente mort nous marchande à tous coups.   264
Nostre ennemy vainqueur est au port et aux portes,
Nostre cœur est failli, nos esperances mortes,
Nostre Royne lamente, et ce grand Empereur,
Jadis (que fust-il tel!) des hommes la terreur,   268
Abandonné, trahy, n'a plus d'autre pensee
Que d'etouffer son mal d'une mort avancee;
Et nous peuple imbecile, en continus regrets,
Soupirons, larmoyons dans les temples sacrez   272
De l'Argolique* Isis, non plus pour nous defendre,
Mais pour mollir Cesar, et piteux nous le rendre,
Qui serons son butin, à fin que sa bonté
Nostre mort convertisse en la captivité.   276
   O qu'estrange est le mal où le destin nous range!
Mais helas! que la cause est encor plus estrange!
Un amour, un amour (las! qui l'eust jamais creu!)

270 MRX Que prevenir son mal

A perdu ce Royaume, embrasé de son feu!   280
Amour dont on se joüe, et qu'on dit ne s'esprendre
Que dans nos tendres cœurs, met nos villes en cendre:
Et ses traits doucereux, qui ne meurtrissent pas,
Qui n'ulcerent aucun, nous comblent de trespas.   284
    Tel fut l'horrible amour, sanglant et homicide,
Qui glissa dans ton cœur, bel hoste Priamide!
T'embrasant d'un flambeau, qui fist ardre depuis
Les pergames Troyens, par la Grece destruits!   288
De cet amour, Priam, Sarpedon, et Troïle,
Glauque, Hector, Deïphobe, et mille autres, et mille*
Que le roux Simoïs,* bruyant sous tant de corps,
A poussé dans la mer, devant leurs jours sont morts: 292
Tant il est pestilent, tant il esmeut d'orages,
Tant il ard de citez, tant il fait de carnages,
Quand sans reigle, sans ordre, insolent, aveuglé,
Nos sens il entretient d'un plaisir déreiglé.   296
    Les Dieux tout cognoissans ont predit nos desastres
Par signes en la terre et par signes aux astres,
Qui nous devoyent mouvoir, si la Fatalité
N'eust, indomtable, ourdy nostre calamité.   300
    Les Cometes flambans par le travers des nues,
A grands rayons de feu, comme tresses crinues,
L'effroyable Dragon aux rivages sublant,
Et nostre sainct Apis* incessamment beuglant   304
N'agueres avons veu, ses larmes continues,
Le sang tombant du ciel en pluyes incognues,
Les images des dieux au front morne d'ennuis,
Et les esprits des morts apparoissans les nuicts;*   308
Et ceste nuict encore,* estant toute la ville
Pleine d'effroy, d'horreur, et de crainte servile,
Le silence par tout, avons ouy les sons
De divers instrumens et diverses chansons   312
Par le vague de l'air, et le bruit des caroles
Telles qu'à Nyse font les Edonides folles*
Aux festes de Bacchus, et sembloit que ce chœur
La ville abandonnast, pour se rendre au vaincueur.   316
Ainsi sommes laissez et des Dieux et des hommes,
Ainsi sous la mercy des ennemis nous sommes,

Et nous faut desormais suivre les volontez
Et les loix de celuy qui nous a surmontez.   320
Chœur. Il nous faut plorer nos malheurs,*
  Il nous faut les noyer de pleurs,
    Les malheurs que l'on pleure
  Reçoivent quelque allegement,   324
  Et ne donnent tant de tourment
    Comme ils font tout à l'heure.
  Il nous faut la triste chanson
  Dont accoise son marriçon   328
    La gente Philomele,
  Lamentant au doux Renouveau,
  Dessur un verdissant rameau,
    Son antique querele.   332
  Et nous faut le funebre chant
  Dont va ses douleurs relaschant
    Sur l'onde Ismarienne
  Le jazard Daulien oiseau,   336
  Pour avoir esté le bourreau
    D'Itys, la race sienne.*
  Bien que les ondeux Alcyons
  Chantent tousjours leurs passions   340
    Et leur Ceyque pleurent,
  Dont les membres dessous les flots
  De l'impiteuse mer enclos
    Pour tout jamais demeurent;*   344
  Et bien que l'Oiseau, qui mourant
  Va si doucement soupirant
    Aux rives de Meandre,*
  Amollisse presque le cueur   348
  De la mort pleine de rigueur,
    Qui venoit pour le prendre:
  Si est-ce que leur lamenter
  Ne peut nos douleurs contenter;   352
    Toutes leurs dures plaintes
  Ne suffisent à deplorer
  Ce qu'il nous convient endurer
    En nos ames contraintes.   356
  Ny les Phaëthontides sœurs

Nous peuvent égaler és pleurs
   Qu'ils versent pour leur frere
Tombé dans le fleuve Eridan,   360
Du beau char compasseur de l'an
   Conducteur temeraire,*
Ny celle que les puissans Dieux
Ont tournée en roc larmoyeux,   364
   Qui sans cesse distile,
Faisant voir encor sa langueur
Par une pleureuse liqueur
   Sur le mont de Sipyle.*   368
Ny les larmes qu'on va serrant
De l'arbre, qui pleure odorant
   Le diffame de Myrrhe:
Qui pour ses ardeurs contenter   372
Osa l'embrassement tenter
   De son pere Cinyre.*
Ny tous les hurlemens que font
Sur Dindyme, le sacré mont   376
   Les chastrez de Cybele,
Appellans, de fureur troublez,
Atys, en longs cris redoublez,
   Que la forest recele.*   380
Nos regrets ne sont limitez,
Non plus que nos adversitez,
   Qui n'ont point de mesure.
Que ceux lamentent par compas,   384
Qui telles miseres n'ont pas,
   Que celles que j'endure.

Cleopatre, Eras, Charmion, Diomede

Cleopatre. Que je t'aye trahi, cher Antoine, ma vie,
  Mon ame, mon soleil? que j'aye ceste envie?   388
  Que je t'aye trahi, mon cher Seigneur, mon Roy?
  Que je t'aye jamais voulu rompre la foy?
  Te quitter, te tromper, te livrer à la rage
  De ton fort ennemi? que j'aye ce courage?   392

358 MRX en pleurs   359 MRXY ils (as is not infrequent in sixteenth-
century usage, *ils* replaces *elles*, which would not scan)

Plustost un foudre aigu me poudroye le chef,
Plustost puissé-je cheoir en extreme mechef,
Plustost la terre s'ouvre et mon corps engloutisse,
Plustost un Tigre glout de ma chair se nourrisse, 396
Et plustost et plustost sorte de nostre Nil,
Pour me devorer vive, un larmeux Crocodil.
Tu as donc estimé que mon ame Royale
Ait couvé pour te prendre une amour desloyale? 400
Et que, changeant de cœur avec l'instable sort,
Je te vueille laisser pour me rendre au plus fort?
   O pauvrette! ô chetive! ô Fortune severe!
Et ne portoy-je assez de cruelle misere, 404
Mon royaume perdant, perdant la liberté,
Ma tendre geniture, et la douce clairté
Du rayonnant Soleil, et te perdant encore,
Antoine, mon souci, si je ne perdois ore 408
Ce qui me restoit plus? las! c'estoit ton amour,
Plus cher que sceptre, enfans, la liberté, le jour.
   Ainsi preste de voir la Carontide nasse,*
Je n'auray ce plaisir de mourir en ta grace; 412
Ainsi le seul confort de ma calamité,
D'avoir mesme sepulcre avec toy, m'est osté;
Ainsi je plaindray seule en l'ombreuse campagne,
Et, comme j'esperois, ne te seray compagne. 416
O supreme malheur!
Eras.   Pourquoy vos maux cruels
Allez-vous aigrissant de cris continuels?
Pourquoy vous gesnez-vous de meurdrissantes plaintes?
Pourquoy vous donnez-vous tant de dures estraintes? 420
Pourquoy ce bel albastre arrousez-vous de pleurs?
Pourquoy tant de beautez navrez-vous de douleurs?
Race de tant de Rois, n'avez-vous le courage
Assez brave, assez fort pour domter cet orage? 424
Cleopatre. Mes maux sont indomtez, et nul humain effort
Ne les sçauroit combatre, il n'y a que la mort.
Charmion. "Il n'est rien impossible à celuy qui s'efforce.
Cleopatre. L'espoir de mes malheurs ne gist plus en la force. 428
Charmion. "Il n'est rien que ne domte une aimable beauté.

402 M Ore je t'abandonne, et me rende au plus fort?

Cleopatre. Ma beauté trop aimable est nostre adversité:
Ma beauté nous renverse et accable de sorte
Que Cesar sa victoire à bon droit luy rapporte.   432
Aussi fut elle cause et qu'Antoine perdit
Une armee, et que l'autre entiere se rendit,
Ne pouvant supporter (tant son ame amoureuse
Ardoit de ma beauté) ma fuitte vergongneuse: 436
Ains comme il apperceut, du rang où il estoit
Vaillamment combatant, ma flotte qui partoit,
Oublieux de sa charge, et comme si son ame
Eust esté attachée à celle de sa Dame,   440
Abandonna ses gens, qui d'un si brave cœur
Leur vie abandonnoyent pour le rendre vaincueur;
Et sans souci de gloire, et de perte d'armees,
Suivit de son vaisseau mes galeres ramees,   444
Se faisant compagnon de ma route, et blessant
Par un si lasche faict, son renom florissant.*
Eras. Estes-vous pour cela cause de sa desfaitte?
Cleopatre. J'en suis la seule cause, et seule je l'ay faitte.   448
Eras. La frayeur d'une femme* a troublé son esprit.
Cleopatre. Le feu de son amour par ma frayeur s'asprit.
Eras. Et devoit-il mener à la guerre une Royne?
Cleopatre. Helas! ce fut ma faute, et non celle d'Antoine!*   452
Antoine (hé! qui fut oncq' Capitaine si preux?)
Ne vouloit que j'entrasse en mes navires creux,
Compagne de sa flotte, ains me laissoit peureuse
Loin du commun hazard de la guerre douteuse.   456
    Las! que l'eussé-je creu! tout l'empire Romain
Maintenant, maintenant, ployroit sous nostre main:
Tout nous obeiroit, les vagabons Sarmates,
Les Germains redoutez, les sagetaires Parthes,   460
Les Numides errans, et les peuples brulez
Des rayons du Soleil, les Bretons reculez.*

458 In 1578, the following four lines appeared after this:
          Soit où le froid Boree eternel se pourmeine,
          Soit où l'Auton bouillant embrase son haleine,
          Soit où le jour s'allume, et où, tombant le soir,
          Il permet à la Nuict tendre son voile noir.
460 MRX Les Germains indomptez

Mais las! je n'en fis conte, ayant l'ame saisie,
A mon tresgrand malheur, d'ardente jalousie,   464
Par-ce que je craignois que mon Antoine absent
Reprint son Octavie et m'allast delaissant.
Charmion. Telle estoit la rigueur de vostre destinee.
Cleopatre. Telle estoit mon erreur, et ma crainte obstinee.   468
Charmion. Mais qu'y eussiés-vous fait s'il ne plaisoit aux dieus?
Cleopatre. Les Dieux sont tousjours bons, et non pernicieus.
Charmion. N'ont-ils pas tout pouvoir sur les choses humaines?
Cleopatre. Ils ne s'abaissent pas aux affaires mondaines,   472
Ains laissent aux mortels disposer librement
De ce qui est mortel dessous le firmament.
Que si nous commettons en cela quelques fautes,
Il ne faut nous en prendre à leurs majestez hautes,   476
Mais à nous seulement, qui par nos passions
Journellement tombons en mille afflictions.
Puis quand nous en sentons nos ames espinees,
Nous flattant, disons lors que ce sont destinees,   480
Que les Dieux l'ont voulu, et que nostre souci
Ne pouvoit empescher qu'il n'en advint ainsi.
Charmion. "Les choses d'ici bas sont au ciel ordonnees*
"Auparavant que d'estre entre les hommes nees: 484
"Et ne peut destourner nostre imbecilité
"L'inviolable cours de la fatalité.
"La force, la raison, la prevoyance humaine,
"La pieté devote et la race y est vaine;   488
"Et mesme Jupiter, moderateur des Cieux,
"Qui souverain commande aux hommes et aux dieux,
"Bien qu'il soit tout puissant, que la terre feconde,
"Nostre ferme sejour, l'air nuageux et l'onde   492
"Meuve au clin de ses yeux, ne sçauroit toutefois
"De ces fatalitez rompre les dures lois.
     Quand les murs d'Ilion, ouvrage de Neptune,

464 MRX Ayant l'esprit époint d'ardente jalousie:
465 MRX Et craignant (hé malheur!) que mon Antoine
470 MRX Jamais les Dieux, jamais ne sont pernicieux
471 MRX Les Dieux ont tout pouvoir   475 MRX Et si nous commettons
489 MRX Mesmes ce Jupiter
490 MRX Et qui maistre commande à tous les autres Dieux

Eurent les Grecs au pied, et que de la Fortune   496
Douteuse par dix ans la roüe ore tournoit
Vers leurs tentes, et ore aux Troyens retournoit,
Cent et cent fois souffla la force et le courage
Dans les veines d'Hector, l'asprissant au carnage   500
Des ennemis batus, qui fuyoyent à ses coups,
Comme moutons peureux aux approches des loups,
Pour sauver (mais en vain, car il n'y peut que faire)
Les pauvres murs Troyens de la rage adversaire,   504
Qui les teignit de sang, et par terre jettez
Les chargea flamboyans de corps ensanglantez.
    Non, Madame, croyez que si le sceptre antique
De vos ayeux regnans sur l'onde Canopique   508
Vous est de force osté, c'est le vouloir des Dieux,
Qui ont souventefois les Princes odieux.
"Ils ont à toute chose une fin ordonnee,
"Toute grandeur du monde est par eux terminee: 512
"L'une tost, l'autre tard, selon comme il leur plaist,
"Et personne ne peut enfreindre leur arrest.
"Mais qui plus est encor, à nous, langoureux hommes,
"Qui sugets par sur tout de leurs volontez sommes,   516
"N'est cogneu ce destin, et vivans ne sçavons
"Combien ne comment vivre au monde nous devons.
"Si ne faut-il pourtant d'un desespoir se paistre,
"Et se rendre chetif auparavant que l'estre.   520
"Il faut bien esperer jusques au dernier poinct,
"Et faire que de nous le mal ne vienne point.
Aidez-vous donc, Madame, et quittez de bonne heure
D'Antoine le malheur, de peur qu'il vous malheure;   524
Retirez-vous de luy, pour sauver du courroux

498 After this line, four lines of 1578 have been omitted:
    Ce grand Saturnien, voyant les naus Argives
    Si longuement encrer aux Rheteannes rives,
    D'Ide favorisant les ombrageux coustaux,
    Et le bruyant Scamandre aux sablonnieres eaux,
508 MRX De vos nobles ayeux
510 MRX Sur la prosperité des Princes envieux.
515–16 MRX Mais a nous qui sugets de leurs volontez sommes
                A nous pauvres mortels, à nous langoureux hommes
518 M vivre en ce monde devons

De Cesar irrité vostre Royaume et vous.
Vous le voyez perdu, sans que vostre alliance
Puisse plus apporter à son mal d'allegeance;   528
Vous le voyez perdu, sans que vostre support
Luy puisse desormais donner aucun confort.
Tirez-vous de l'orage, et n'allez de vous mesme
Perdre en vous obstinant ce Royal diadéme: 532
Recourez à Cesar.

Cleopatre.   Plustost le jour qui luit
Obscur se couvrira du voile de la nuict;
Plustost les flots moiteux de la mer orageuse
Vagueront dans le ciel, et la bande nuiteuse   536
Des estoiles luira dans l'ecumeuse mer,
Que je te laisse, Antoine, au desastre abysmer.
Je te suivray par tout, soit que ton ame forte
Entretienne ton corps, ou que triste elle sorte,   540
Traversant l'Acheron, pour habiter les lieux
Destinez pour demeure aux hommes demy-Dieux.

Vy, s'il te plaist, Antoine, ou meurs lassé de vivre,
Tu verras, mort et vif, ta Princesse te suyvre: 544
Te suyvre, et lamenter ton malheur importun,
Qui m'est, ainsi qu'estoit ton empire, commun.

Charmion. Que sert à son malheur cette amour eternelle?
Cleopatre. Qu'elle serve, ou soit vaine, elle doit estre telle.   548
Eras. "C'est mal fait de se perdre en ne profitant point.
Cleopatre. "Ce n'est mal fait de suyvre un amy si conjoint.
Eras. Mais telle affection n'amoindrist pas sa peine.
Cleopatre. Sans telle affection je serois inhumaine.   552
Charmion. "Inhumain est celuy qui se brasse la mort.
Cleopatre. "Inhumain n'est celuy qui de miseres sort.
Charmion. Vivez pour vos enfans.
Cleopatre.   Je mourray pour leur pere.
Charmion. O mere rigoureuse!
Cleopatre.   Espouse* debonnaire!   556
Eras. Les voulez-vous priver du bien de leurs ayeux?
Cleopatre. Les en privé-je? non, c'est la rigueur des Dieux.
Eras. N'est-ce pas les priver du bien hereditaire
Que le faire tomber en la main adversaire,   560

537 MRX dans l'aboyante mer,

Craignant d'abandonner un homme abandonné,
Que tant de legions tiennent environné?
D'abandonner un homme, à qui toute la terre
Bandee avec Cesar fait outrageuse guerre?   564
Cleopatre. Tant moins le faut laisser que tout est contre luy.
"Un bon amy doit l'autre assister en ennuy.
Si lors qu'Antoine orné de grandeur et de gloire,
Menoit ses legions dedans l'Euphrate boire,   568
Suivy de tant de Rois, que son nom redouté
S'elevoit trionfant jusques au ciel vouté,
Qu'il alloit disposant, maistre, a sa fantasie,
Et du bien de la Grece et du bien de l'Asie,*   572
Et qu'en un tel bonheur je l'eusse esté changer
Pour Cesar, l'on eust dit mon cœur estre leger,
Infidelle, inconstant: mais ore que l'orage,
Et les vents tempesteux luy donnent au visage,   576
Ja, ja prest d'abysmer, helas! que diroit-on?
Que diroit-il luy mesme au logis de Pluton,
Si moy, qu'il a tousjours plus aimé que sa vie,
Si moy qui fus son cœur, qui fut sa chere amie,   580
Le quittois, l'estrangeois, et possible sans fruict,
Pour flatter laschement Cesar qui le destruit?
Je ne serois volage, inconstante, infidelle,
Ains mechante, parjure, et traistrement cruelle.   584
Charmion. Fuyant la cruauté vous l'exercez sur vous.
Cleopatre. C'est pour ne l'exercer encontre mon espous.
Charmion. L'affection premiere est à nous-mesmes deüe.
Cleopatre. Mon espous est moymesme.
Charmion.   Elle est puis estendue   588
Sur nos enfans, amis, et le terroir natal:
Et vous pour le respect d'un amour conjugal,
Encor' peu conjugal, perdez vostre patrie,
Vos enfans, vos amis et vostre propre vie: 592
Tant amour ensorcelle et trouble nos esprits!
Tant nous gaigne ce feu quand il est trop espris!
Aumoins si vostre mal emportoit son encombre.

572 M Des richesses de Grece, et richesses d'Asie,
579 MRX plus aimé que soymesme,
580 MRX Si moy, qui fus son cœur, qui fus son ame mesme,

Cleopatre. Il le veut enfermer en un sepulcre sombre.   596
Charmion. Et que telle qu'Alceste,* inhumaine pour soy,
  Le peussiez exempter de la mortelle loy:
  Mais sa mort est certaine, et desja son espee
  Dedans son tiede sang est, peut estre, trempee,   600
  Sans que vostre secours le puisse garantir
  Des pointes de la mort, qu'il doit bien tost sentir.
     Que vostre amour ressemble à l'amour ancienne
  Que nourrit en son cœur la Royne Carienne,   604
  Ardant de son Mausole:* elevez un tombeau,
  Qui de son orgueil face un miracle nouveau.
  Faites luy, faites luy de riches funerailles,
  Faites graver autour l'horreur de ses batailles,   608
  Un monceau d'ennemis sur la terre gisans;
  Pharsale* y soit pourtrait, et les flots arrosans
  Du profond Enipee, y soit l'herbeuse plaine
  Qui logea son armee au siege de Modene;   612
  Y soyent tous ses combats, et ses faits courageux,
  Et qu'à son los chaque an on celebre des jeux;
  Honorez sa memoire, et de soigneuse cure
  Elevez, nourrissez vostre progeniture   616
  Sous le gré de Cesar, qui, Prince genereux,
  Leur permettra jouir de ce Royaume heureux.
Cleopatre. Quel blasme me seroit-ce? hé, Dieux! quelle infamie,
  D'avoir esté d'Antoine en son bon-heur amie,   620
  Et le survivre mort, contente d'honorer
  Un tombeau solitaire, et dessur luy plorer?
  Les races à venir justement pourroyent dire
  Que je l'aurois aimé seulement pour l'Empire,   624
  Pour sa seule grandeur, et qu'en adversité
  Je l'aurois mechamment pour un autre quitté:
  Semblable à ces oiseaux, qui d'ailes passageres
  Arrivent au Printemps des terres estrangeres,   628
  Et vivent avec nous tandis que les chaleurs
  Et leur pasture y sont, puis s'envolent ailleurs.
  Et comme on voit aussi bavoler, importune,
  De petits moucherons une tempeste brune   632
  Sur un vin vendangé, qui dans la tonne boust,

610 MRX pourtraitte   617 M Sous le vueil

Et n'en vouloir sortir tant qu'ils sentent le moust:
Puis se perdre dans l'air, ainsi qu'une fumiere,
Et n'apparoir plus rien de cette fourmilliere.   636
Eras. Mais quel profit rendra vostre cruel trespas?
Cleopatre. Le gain ny le profit je ne demande pas.
Eras. Quel los en aurez-vous de la race future?
Cleopatre. De gloire ny de los je n'ay maintenant cure.   640
Eras. Quel but en vostre mort devez-vous donc avoir?
Cleopatre. Le seul but de ma mort sera le seul devoir.
Eras. Il faut que le devoir sur quelque bien se fonde.
Cleopatre. C'est dessur la vertu, le seul bien de ce monde.   644
Eras. Quelle est cette vertu?
Cleopatre.   Ce qui nous est decent.
Eras. Decent de s'outrager, de s'aller meurdrissant?
Cleopatre. J'esteindray mes ennuis d'une mort genereuse.
Eras. Vous teindrez vostre los d'une mort furieuse.   648
Cleopatre. Compagnes, je vous pry', ne revoquez mes sens
De suivre mon Antoine aux Enfers pallissans.
Je mourray, je mourray: faut-il pas que sa vie,
Sa vie et sa mort soit de la mienne suyvie?   652
Ce pendant vous vivrez, cheres sœurs, et vivant,
Nos funebres tombeaux honorerez souvent:
Y respandrez des fleurs, et quelquesfois, peut estre,
Le tendre souvenir d'Antoine vostre maistre,   656
Et de moy miserable, aux pleurs vous convira,
Et nos saintes amours vostre voix benira.
Charmion. Madame, et pensez-vous de nous vouloir déjoindre?
Pensez-vous que la mort sans nous vous aille poindre?   660
Pensez-vous nous laisser, et qu'un mesme soleil
Mortes ne nous estende en un larmeux cercueil?
Nous mourrons avec vous, et l'impiteuse Parque
Ensemble nous rendra dans l'infernale barque.   664
Cleopatre. Las! vivez, je vous pry'; le desastreux esmoy,
Qui bourrelle mon cœur ne s'adresse qu'a moy;
Mon sort ne vous attouche, et pour vivre en servage,
N'encourrez comme moy ny honte ny dommage.   668
  Vivez, mes sœurs, vivez: et par ce que je suis
Pour le soupçon d'Antoine en une mer d'ennuis,
Et que je ne puis vivre, or' que j'en eusse envie;

Et le pouvant, ne veux sortir de ceste vie,   672
Veuve de son amour; Diomede, fay tant
Que contre moy chetive il ne s'aille irritant;
Arrache de son cœur ce dommageable doute
Qu'il a conceu de moy dés le jour de sa route,   676
Bien qu'a tort. (J'en atteste et le beuglant Apis,
Et t'en atteste aussi, venerable Anubis.*)
Conte luy que mon ame, ardant impatiente
De son amour perdue, a pour marque constante   680
De sa fidelité, laissé mon faible corps,
Et que j'accrois le nombre innombrable des morts.
    Va donc, et s'il advient qu'encore il me regrette,
Et pour moy de son cœur un seul soupir il jette,   684
Je seray bien heureuse, et d'un cœur plus contant
Sortiray de ce monde où je me gesne tant.
Mais cependant entrons en ce sepulcre morne,
Attendant que la mort mes desplaisances borne.   688
Diomede. Je vous obeiray.
Cleopatre.   Ainsi puissent les Dieux
Recompenser un jour ton cœur officieux.
Diomede. Et n'est-ce pas pitié, bons Dieux, ô Dieux celestes!
De voir sourdre d'amour tant de choses funestes?   692
Et n'est-ce pas pitié, que ce mortel brandon
Renverse ainsi destruit tout l'honneur Macedon?
Où sont ces doux attraits, et ces douces oeillades
Qui des Dieux eussent faict les poitrines malades?   696
Que fait cette beauté, rare present des Cieux,
Merveille de la terre? helas! que font ces yeux,
Et cette douce voix par l'Asie entendue?
Et par l'Afrique noire en deserts estendue?   700
N'ont-ils plus de pouvoir? est morte leur vertu?
Ne pourra par eux estre Octave combatu?
Las! et si Jupiter, au milieu de son ire,
Le foudre dans la main pour un peuple destruire,   704
Avoit jetté ses yeus sur ma Royne, soudain
Le foudre punisseur luy cherroit de la main;
Le feu de son courroux s'en iroit en fumee,
Et d'autre feu seroit sa poitrine allumee.   708
    Rien ne vit de si beau,* Nature semble avoir

Par un ouvrage tel surpassé son pouvoir:
Elle est toute celeste, et ne se voit personne
La voulant contempler, qu'elle ne passionne.   712
L'albastre qui blanchist sur son visage saint
Et le vermeil coral qui ses deux lévres peint,
La clairté de ses yeux, deux soleils de ce monde,
Le fin or rayonnant dessur sa tresse blonde,   716
Sa belle taille droitte, et ses frians attraits,
Ne sont que feux ardans, que cordes, et que traits.
　　Mais encor ce n'est rien aupres des artifices
De son esprit divin, ses mignardes blandices,   720
Sa majesté, sa grace, et sa forçante voix,
Soit qu'ell' la vueille joindre au parler de ses dois,
Ou que des Rois sceptrez recevant les harangues
Elle vueille respondre à chacun en leurs langues: 724
Toutesfois au besoin elle ne s'aide point
De toutes ces beautez, tant le malheur la poind,
Se plonge en la tristesse, et toute son estude
Est de plorer, gemir, chercher la solitude: 728
Il ne luy chaut de rien: ses cheveux sont espars,
Les rayons enchanteurs de ses meurtriers regars
Sont changez en ruisseaux, que la douleur amasse,
Et tombant vont laver le marbre de sa face.   732
Son beau sein decouvert luy sanglotte à tous coups,
Qu'inhumaine à soy mesme elle offense de coups.
　　Las! c'est notre malheur: car si au lieu de larmes
Ore elle avoit recours à ses amoureux charmes,   736
Pour se rendre Cesar serf de ses volontez,
(Comme elle pourroit bien usant de ses beautez)
Nous serions garantis du mal qui nous menace,
Et le sceptre asseuré pour elle et pour sa race.   740
"O malheureux celuy qui se peut secourir,
"Et faute de secours se va laissant mourir!
Chœur. O Douce terre fertile*
　　Où le soleil anima   744
　　Le premier homme d'argile,
　　Que le Nil bourbeux forma;
　　Où les sciences premieres,
　　Nostre celeste ornement,   748

Ont prins leur commencement
Pour nos poitrines grossieres,
Qui tant de siecles durant
Souloyent estre nourricieres   752
D'un rude esprit ignorant.
Où le Nil, nostre bon pere,
D'un secours perpetuel
Nous apporte, debonnaire,   756
Le commun vivre annuel,
La visitant chaque annee
Et couvrant d'un limon gras
Qu'il luy verse de sept bras   760
A la saison retournee:
Faisant que par tel engrés
Elle rende moissonnee
Heureuse abondance aprés.   764
O vagueux prince des Fleuves,
Des Ethiopes l'honneur,
Il faut qu'ores tu espreuves
Le servage d'un Seigneur;   768
Que du Tybre, qui est moindre
En puissance et en renom,
Voises reverant le nom,
Qui fait tous les fleuves craindre   772
Superbe de la grandeur
Des siens qui veulent enceindre
De ce monde la rondeur.
Il faut qu'ores tu envoyes   776
De tes tributaires eaux
Par les marinieres voyes
Chaque an des presens nouveaux:
Nos bleds, ta fertile fange,   780
De brigandes mains pillez,
Lairront nos champs despouillez,
Pour voir une terre estrange;
Qui fiere d'un tel butin   784
En accroistra la louange
De son Empire Latin.
Rien ne te sert que tes cornes*

Se vont en terre cachant,   788
Et que tous les ans tes bornes
Tu vas bien loing relâchant;
Que cent peuples tu traverses
Plié, courbé mille fois,   792
Encernant plaines et bois
Du cours de tes ondes perses,
Que de sept larges gosiers
Lassé du chemin tu verses   796
Dedans les flots mariniers.
"Rien n'est tant que la franchise
    "En ce chetif monde heureux,
    "Et qui plus souvent attise   800
    "Un courage genereux.
    "Mais s'il faut vivre en servage,
    "Et sous un joug se ranger,
    "Tousjours un joug estranger   804
    "Nous oppresse d'avantage:
    "Et double sugection
    "Sentons en nostre courage
    "D'une estrange nation.   808
Desormais au lieu d'un Prince,
    Qui, prenant son estre icy,
    De sa natale Province
    Avoit naturel soucy,   812
    Nous verrons le front austere
    D'un Romain plein de fureur,
    Qui brandira pour terreur
    La hache proconsulaire,   816
    Bannissant avec nos Rois
    L'observance salutaire
    De nos politiques lois.
"Il n'est puissance mondaine   820
    "Si grande que le Destin,
    "Comme une moindre, n'ameine
    "Avec le temps à sa fin.
    "Le Temps abat toute chose,   824
    "Rien ne demeure debout,
    "Sa grande faulx tranche tout,

"Comme le pié d'une rose;
"La seule immortalité   828
"Du ciel estoilé s'oppose
"A sa forte deïté.
Il viendra quelque journee
Pernicieuse à ton heur,   832
Qui t'abatra ruinee
Sous un barbare seigneur;
Et de flammes impiteuses
De toutes parts ravageant,   836
O Romme, ira saccageant
Tes richesses orgueilleuses,
Et tes bastimens dorez,
Dont les pointes envieuses   840
Percent les cieux etherez.
Comme tes forces tu dardes
Deçà dela moissonnant
Les peuples de mains pillardes,   844
Sur chacun entreprenant:
Chacun à ton infortune
Accourant s'efforcera
D'emporter ce qu'il pourra   848
De la despouille commune,
Tu verras tout empoigner
Sans te laisser marque aucune
Pour ta grandeur tesmoigner.   852
Semblable à l'antique Troye,
Le sejour de tes ayeux,
Tu seras l'ardente proye
D'un peuple victorieux.   856
Car de ce monde qui tourne
Nous voyons journellement
Qu'au premier commencement
Toute chose en fin retourne;   860
Et que rien, tant soit-il fort,
Immuable ne sejourne,
Mais est alteré du sort.

ACTE III

Marc Antoine, Lucile

Marc Antoine. Lucile, seul confort de ma fortune amere,   864
   En qui seul je me fie, et en qui seul j'espere,
   Reduit à desespoir:* las! n'est venu le jour
   Que la mort me ravisse et la vie et l'amour?
   Que doy-je plus attendre? ay-je retraitte aucune?   868
   Je demeure tout seul resté de ma fortune.
   Tout me fuit, tout me laisse, et personne de ceus
   Qui ont de ma grandeur les plus grands bien receus
   N'assiste à ma ruine; ils ont maintenant honte   872
   D'avoir par le passé faict de moy quelque conte:
   S'en retirent, monstrant m'avoir, pour me piper,
   Suivy, sans à mon mal vouloir participer.
Lucile. "Il ne se treuve rien de durable en ce monde.   876
   "Tousjours sera trompé qui son espoir y fonde.
Marc Antoine. Encor' rien ne me tue et ne m'afflige tant
   Que voir ma Cleopatre ainsi me dejettant
   S'entendre avec Cesar, luy transporter ma flame,   880
   Son amour, qui m'estoit plus chere que mon ame.
Lucile. Vous ne le devez croire, elle a le cœur trop haut,
   Magnanime et royal.
Marc Antoine.   Elle a l'esprit trop caut,
   Embrasé de grandeurs, et qui tousjours soupire   884
   Apres le maniment de nostre grand Empire.
Lucile. Vous avez si longtemps esprouvé son amour.
Marc Antoine. Mais le bonheur faisait avecque moy sejour.
Lucile. Quelle marque avez-vous de son amour changee?   888
Marc Antoine. La bataille d'Actie et Peluse assiegee,
   Perdues par sa fraude; et mes vaisseaux ramez,
   Et mes loyaux soudars pour ma querelle armez,
   Qu'elle vient d'inciter, l'inhumaine, à se rendre,   892
   A Cesar mon haineur, au lieu de me defendre:
   L'honneur faict à Thyree* avecques tel accueil,

875 MRX Ma fortune suivy, sans y participer.
881 MRX Transporter mon amour, qui m'est plus cher que l'ame.
893 MRX A se rendre à Cesar, au lieu de me defendre:

Leurs longs propos secrets, sans mon sceu, sans mon vueil;
Et du traistre Alexas* la desloyale injure   896
Me tesmoignent assez de son amour parjure.
Mais, ô si quelques Dieux ont soin des amitiez,
Ses trompeurs changemens seront d'eux chastiez.

Lucile. Le dueil qu'elle a porté depuis nostre desfaite,   900
L'abandon de sa terre à nos gens pour retraite,
Son chetif appareil pour la celebrité
Du reverable jour de sa nativité:
Au contraire l'apprest et prodigue despense   904
Qu'elle a depuis monstré, festant vostre naissance,*
Nous declarent assez que son cœur est sans fard,
Egalement touché de l'amour qui vous ard.

Marc Antoine. Or soit que son amour ou soit faulse, ou soit
  vraye,   908
Elle a faict en mon ame une incurable playe:
Je l'aime, ainçois je brusle au feu de son amour,
J'ay son idole faux en l'esprit nuict et jour,
Je ne songe qu'en elle, et tousjours je travaille,   912
Sans cesse remordu d'une ardente tenaille.
Extreme est mon malheur, mais je le sens plus doux
Que le cuisant tison de mon tourment jaloux:
Ce mal, ains ceste rage en mon ame chemine,   916
Et dormant et veillant incessamment m'espine.
  Ait Cesar la victoire, ait mes biens, ait l'honneur
D'estre sans compagnon de la terre seigneur,
Ait mes enfans, ma vie au mal opiniâtre,   920
Ce m'est tout un, pourveu qu'il n'ait ma Cleopatre.
Je ne puis l'oublier, tant j'affole, combien
Que de n'y penser point seroit mon plus grand bien.
  Je suis comme un malade, à qui la fiévre ardente   924
A mis dans le gosier une soif violente,
Il boit incessamment, jaçoit que la liqueur
Du desiré breuvage attise sa langueur:
Il ne se peut domter, la santé desiree   928
Succombe à la chaleur de sa gorge alteree.

Lucile. Laissez-là cet amour qui recroist vos ennuis.

Marc Antoine. Je m'y efforce assez, mais, helas! je ne puis.

924 M Mais ainsi qu'un malade,

Lucile. Pensez qu'avez esté si fameux Capitaine,   932
 Et qu'ore estes decheu per cette amitié vaine.
Marc Antoine. Le penser importun de ma felicité
 Me plonge d'avantage en cette adversité.
 "Car rien tant ne tourmente un homme en sa misere,   936
 "Que se representer sa fortune prospere.*
 Aussi c'est mon angoisse, et ma gesne, et mon mal,
 Pareil aux passions du manoir infernal,
 Que me ressouvenir de l'heureuse puissance   940
 Que je m'estois acquis par guerriere vaillance;
 Et me ressouvenir de l'heur continuel
 Qu'ores me vient tollir mon desastre cruel.

 J'ay faict trembler d'effroy tous les peuples du monde 944
 Au seul bruit de ma voix, comme les joncs d'une onde
 Mouvants au gré des flots: j'ay par armes domté
 L'Itale, et nostre Romme au peuple redouté;
 J'ay soustenu, pressant les rempars de Mutine,*   948
 L'effort de deux Consuls, venus à ma ruine,
 Souillez en leur sang propre, et qui par leur trespas
 Tesmoignerent ma force et addresse aux combas.

 J'ay, vengeur de Cesar, ton oncle, ingrat Octave,   952
 Teint de sang ennemy les rivages que lave
 Le rougeâtre Enipee, et ses flots empeschez
 De cent monceaux de corps l'un sur l'autre couchez;
 Lors que Cassie et Brute infortunez sortirent   956
 Contre nos legions, qui deux fois les desfirent
 Sous ma conduitte seule, ayant Octave au cœur,
 Tandis qu'on combattoit, et la fiévre et la peur.*
 Un chacun le sçait bien, et que toute la gloire   960
 On donnoit à moy seul d'une telle victoire.

 Là sourdit l'amitié, l'immuable amitié
 Dont mon cœur a depuis au vostre esté lié;
 Et fut là, mon Lucile, où Brute vous sauvastes,   964
 Et que pour vostre Brute Antoine vous trouvastes.
 Ce me fut plus grand heur d'acquerir tel amy,
 Que d'avoir déconfit Brute mon ennemy.*

 Or ma vertu premiere esteinte me delaisse,   968
 Et Fortune m'engouffre en extreme destresse;

942 MRX Que me ressouvenir   966 M M'estimant plus grand heur

Elle m'a retiré son visage riant,
Et le va de malheurs contre moy variant.
Je suis laissé, trahy, si qu'entre mille et mille   972
Qui me suivoyent amis, je n'ay que vous, Lucile:
Vous seul m'accompagnez, ferme comme une tour,
Contre le sort humain en une sainte amour.
Que si de quelque Dieu ma voix est entendue,   976
Et ne soit dans le ciel vainement espandue,
Une telle bonté sans gloire ne sera,
Et la posterité tousjours la vantera.

Lucile. "Des hommes l'amitié doit estre tousjours une,   980
  "Sans bransler, variable, avecque la Fortune,
  "Qui tousjours se desplace, et oncques ne voudroit
  "Arrester constamment sa boule en un endroit.
  "Aussi faut recevoir comme chose usagere   984
  "Les revocables biens qu'elle preste legere
  "Et ne s'en asseurer, ny fonder son espoir,
  "Comme dessur un bien qui ne puisse decheoir.
  "Au contraire penser que rien n'est de duree   988
  "Fors la seule Vertu, nostre hostesse asseuree:
  "Nous moderant de sorte en la prosperité
  "Que ne soyons troublez d'une infelicité,
  "Quand sur nous elle arrive, et ne prenant trop d'aise   992
  "De la bonne Fortune, ennuy de la mauvaise.
Ne ployez au malheur.
Marc Antoine.   Helas! il est trop fort.
Maint malheur on soustient par quelque reconfort,
Mais celuy qui m'estreint ne peut trouver defense   996
(Tant il est outrageux) d'une seule esperance.
Il ne me reste rien que de m'ouvrir le sein,
Hastant ma lente mort d'un poignard inhumain.

Lucile. Cesar, comme heritier des grandeurs de son Pere,*   1000
Voudra contr'imiter sa douceur debonnaire
Envers vous qu'il cognoist extrait de mesme sang,*
Qui estes son beau-frere et tenez pareil rang
En l'Empire Romain, qui, compagnon de guerre   1004
Des meurtriers de Cesar avez purgé la terre.
Vous avez partagé ce monde en portions,

996 M Mais celuy qui m'assaut

Comme font heritiers de leurs successions;
Et par commun accord avez ja tant d'annees 1008
En paisible repos vos charges gouvernees.
Marc Antoine. "L'alliance et le sang demeurent sans pouvoir
"Contre les convoiteux, qui veulent tout avoir.
"Le fils à peine peut souffrir son propre pere 1012
"En un commun Royaume, et le frere son frere:
"Tant cet ardent desir de commander est grand,
"Et tant de jalousie en nos cœurs il esprend!
"On permettra plustost aimer celle qu'on aime, 1016
"Que de communiquer au sacré diadême.
"Toute chose on renverse, et tout droit on esteint,
"Amitié, parentele; et n'y a rien si saint
"Qu'on n'aille violant pour se rendre seul maistre: 1020
"Et n'a-t-on soing comment, pourveu qu'on le puisse estre.
Lucile. Et bien qu'il soit Monarque, et que cet univers
Ne recognoisse plus deux Empereurs divers;
Romme le craigne seul, l'Orient il assemble 1024
Avecques l'Occident, et les regisse ensemble:
Pourquoy ne permettra qu'en repos vous vivez
Sans Empire, sans charge, entre les gens privez,
Philosophant, paisible, en la Grece lettree, 1028
En Espagne, en Asie, ou quelque autre contree?*
Marc Antoine. "Son Empire asseuré jamais ne pensera
"Tandis que Marc Antoine en ce monde sera.
"La crainte et le soupçon, la défiance palle 1032
"Accompagnent tousjours la majesté royale,
"Engendrez de rapports: les rapports nuict et jour,
"Hostes perpetuels, ne bougent d'une Cour.
Lucile. Il n'a pas faict mourir vostre frere Lucie,* 1036
De Lepide* il n'a pas la vieillesse accourcie;
Combien que l'un et l'autre en ses mains soit tombé,
Et qu'il fust de colere encontre eux enflambé.
Ains cetuy-là, tranquile, encore seigneurie 1040
Les peuples basanez de la grande Iberie:
Et cetuy-cy retient, Pontife souverain,
Sa dignité sacree avec ce Prince humain.

1015 M il espand
1034 MRX Engendrez de rapports, rapports qui nuict et jour

Marc Antoine. Il ne craint de ceux-là la force peu guerriere.   1044
Lucile. Il ne craint un vaincu regorgeant de misere.
Marc Antoine. La fortune se change.
Lucile.   Un ennemy si bas
  A grand peine sçauroit jamais lever le bras.
Marc Antoine. J'ay fait ce que j'ay peu: pour mes preuves
    dernieres,   1048
  Tout m'estant defailly, j'ay tenté les prieres,
  (Lasche homme que je suis!) dont estant dejeté,
  Je luy ay de nous deux le combat presenté,*
  Bien qu'il soit en sa force, et que ja la vieillesse   1052
  M'oste en m'affoiblissant et la force et l'addresse.
  Si l'a-t-il refusé, tant son cœur est couard,
  Vilainement craintif d'un louable hasard.

    C'est dequoy je me plains, et dequoy je m'accuse,   1056
  C'est en quoy la Fortune outrageusement use
  Contre mon chef grison: c'est en quoy, malheureux!
  Les immortels je blasme, à mon mal rigoureux:
  Qu'un homme effeminé de corps et de courage,   1060
  Qui du mestier de Mars n'apprist oncque l'usage,
  M'ait vaincu, m'ait domté, m'ait chassé, m'ait destruit,
  M'ait apres tant de gloire au dernier poinct reduit:
  Qui suis du sang d'Hercule,* et qui dés mon enfance   1064
  Ay mon los embelly d'une heureuse vaillance.
  Tesmoing en est la Gaule aux peuples indomtez,
  L'Espagne courageuse, et les champs lamentez
  Par mille et mille voix, de l'aspre Thessalie,   1068
  Ja lavez par deux fois* du sang de l'Italie.
Lucile. Tesmoing en est l'Afrique, et tous les quatre coings
  De la terre vaincue en seront les tesmoings.
  Car et en quel endroit de l'habitable terre,   1072
  De louange affamé n'avez-vous fait la guerre?
Marc Antoine. Tu sçais, feconde Egypte, Egypte de mes faits
  Beaux et honteux coupable, Egypte, **he**las! tu sçais
  Comment je me portay, combatant pour ton Prince,   1076
  Quand je luy reconquis sa rebelle Province;
  Contre les ennemis me monstrant valeureux

1056 MRX C'est dequoy je me plains, c'est dequoy
1070 M Tesmoing l'Afrique noire,

Et apres le combat pitoyable vers eux.

    Encor si pour ternir ma louange et l'abatre,   1080
Fortune me faisoit par un plus fort combatre,
Et plus guerrier que moy, et qu'elle m'eust poussé
L'un de ces Empereurs si craints le temps passé,
Un Camile, un Marcel, un Scipion d'Afrique,*   1084
Ce grand Cesar, l'honneur de nostre Republique,
Un Pompee envieilly sous les horreurs de Mars;
Et qu'apres la moisson d'un monde de soudars
En cent combats meurtris, cent assauts, cent batailles,   1088
Percé d'un coup de picque au travers des entrailles,
Je vomisse la vie et le sang au milieu
De mille et mille corps abbatus en un lieu.

    Non, non, ou je devois mourir entre les armes,   1092
Ou combatu cent fois armer nouveaux gendarmes,
Cent batailles livrer, et perdre avecque moy
Plustost le monde entier, qu'il me soumist à soy:
Luy qui n'a jamais veu les piques enlacees   1096
Mordre son estomach de pointes herissees,
A qui Mars fait horreur, et qui trop laschement
Se cache, pour n'ouyr son dur fremissement.

    La fraude est sa vertu, la ruse et la malice,   1100
Ses armes sont les arts du cauteleux Ulysse,
A Modene conneus par les Consuls, navrez
Tous deux de coups mortels, par ses gens attitrez,
Pour avoir leur armee, et en faire la guerre   1104
Contre sa foy promise, à sa natale terre.

    Du triumvir Lepide à son secours venu,
Qu'il devoit honorer comme il estoit tenu,
L'empire il usurpa, quand il eut par amorces   1108
Desbauché, corrompu la pluspart de ses forces.
Toutesfois il me domte, et me fait son butin,
Et domte avecques moy tout l'empire Latin.

    O chose esmerveillable! un desordre d'Actie   1112
A subjugué la terre et ma gloire obscurcie.

1082 MRX Un plus guerrier
1102–4 MRX A Modene esprouvez par les Consuls Romains,
           Tous deux navrez à mort par ses traistreuses mains,
           Pour leur armee avoir,

Car depuis comme atteint du colere des Dieux,
Comme espris de fureur et plus que furieux,
L'esprit troublé de mal, je n'ay jamais faict conte   1116
De vouloir reparer ma perte ne ma honte:
Je n'ay plus resisté.

Lucile.   "Les affaires guerriers,
"Et sur tout les combats succedent journaliers,
"Tantost bien, tantost mal. Et bien que la Fortune   1120
"Es choses de ce monde ait sa force commune,
"Qu'elle modere tout, face tout, que tout soit
"Attaché, maniable, autour de son roüet,
"Si nous semble pourtant que plus elle s'adonne   1124
"Qu'à nul autre exercice, au mestier de Bellonne;
"Et que là sa faveur, muable comme vent,
"Avec plus de pouvoir se monstre plus souvent.
"D'où vient qu'on voit tousjours ceux qui en leur
      jeunesse   1128
"Y ont eu de l'honneur, le perdre en leur vieillesse,
"Combatus de quelcun qui n'est point belliqueux,
"Et qui sera depuis vaincu d'un moindre qu'eux.
"Car sa coustume n'est d'estre tousjours propice,   1132
"Mais de nous renverser comme d'un precipice,
"Quand nous sommes montez par sa benignité
"Jusqu'au plus haut sommet d'une felicité.

Marc Antoine. Que je dois bien maudire en mon ame
      offensee,   1136
Jour et nuict lamentant, cette amour insensee,
Dont ma belle ennemie, allechante, attrapa
Ma peu caute raison, qui depuis n'eschapa.
Ce ne fut la Fortune à la face inconstante,   1140
Ce ne fut du Destin la force violente,
Qui forgea mon malheur. Hé! ne sçait-on pas bien
Que c'est que l'un et l'autre, et qu'ils ne peuvent rien?
"Fortune que l'on craint, qu'on deteste et adore,   1144
"N'est qu'un evenement dont la cause on ignore;
"Encore bien souvent la cause on apperçoit,
"Mais l'effet se decouvre autre qu'on ne pensoit.

1131 M Et qui depuis sera vaincu   1137 M cet amour insensee
1138 MRX Cette orde volupté, qui gluante attrapa

La seule Volupté, peste de nostre vie,   1148
Nostre vie, et encor' de cent pestes suivie,
M'a filé ce desastre, estant d'homme guerrier
Dés le commencement, devenu casanier,
N'ayant soing de vertu, ny d'aucune louange: 1152
Ains comme un porc ventru touillé dedans la fange,
A cœur saoul me voitray en maints salles plaisirs,
Mettant dessous le pied tous honnestes desirs.

Ainsi je me perdy: car trouvant ce breuvage   1156
Savoureux à mon goust, je m'en remply, mal-sage,
Si qu'avec la douceur d'une telle poison
Peu à peu j'esgaray mon antique raison;
J'offensay mes amis qui de moy s'esloignerent,   1160
Je feis que mes haineurs contre moy s'esleverent,
Je pillay mes sujets, et pour mes serviteurs
Je me veis entouré de blandissans flateurs.

Mes armes au crochet se couvrirent d'araignes,   1164
Mes soudars par les champs vaguerent sans enseignes;
Et ce pendant Cesar, qui n'eust oncque entrepris
De s'attaquer à moy, m'eut soudain à mespris,
Print cœur de me combatre, esperant la victoire   1168
D'un homme si perdu qui n'avoit soing de gloire.

Lucile. "La douce volupté, delices de Cypris,
  "Debilite nos corps, offusque nos esprits,
  "Trouble nostre raison, de nostre cœur dechasse   1172
  "Toutes saintes vertus, et se met en leur place.
  "Comme le fin Pescheur attire le poisson
  "Avec un traistre appas qui couvre l'hameçon:
  "Ainsi le plaisir sert au vice de viande,   1176
  "Pour nostre ame amorcer, qui en est trop friande.
  "Ce venin est mortel egalement à tous,
  "Mais il fait aux grands Rois plus d'outrage qu'à nous:
  "Ils en perdent leur sceptre, et par grande misere   1180
  "Le font à leur escient, cheoir en main estrangere.
  "Leurs peuples ce pendant, la charge sur le dos,

1154-5 MRX Es plaisirs me veautray qui de divers attraits
              M'allecherent trop simple, et jetterent aux rets.
1156 MRX Dés lors je me perdy   1163 MRX ... de parjures flateurs
1165 M Les soudars   1170 M La sale volupté   1180 M Qui en perdent

"Sont pillez de flateurs qui leur sucent les os,
"Ne sont point gouvernez, servent aux grands de proye,   1184
"Tandis que ce fol Prince en ses plaisirs se noye;
"Qui n'oit rien, ne voit rien, et ne fait rien d'un Roy,
"Semblant luy mesme avoir conjuré contre soy.
"Lors l'egale Justice erre à l'escart bannie,   1188
"Et se plante en son lieu l'avare tyrannie:
"Le desordre confus en tous estats se met,
"Maint crime, mainte horreur sans crainte se commet,
"Puis la rebellion mutine se descouvre,   1192
"Qui ores d'un pretexte, or' d'un autre se couvre,
"Pique les ennemis, qui aussi tost debout
"Entrent sans resistance, et s'emparent de tout.
"Voyla de Volupté les effects dommageables.   1196
Marc Antoine. "Les loups si dangereux ne sont dans les estables,
"La gelee aux raisins, ny la pluye aux fruits meurs,
"Que ce plaisir apporte aux Princes de malheurs.
Lucile. Autre exemple il ne faut que du Roy d'Assyrie,*   1200
A qui ce monstre osta l'ame et la seigneurie.
Marc Antoine. Autre exemple il ne faut que de moy mal-
          heureux,
Qui pers l'honneur, la vie et mon empire heureux.
Lucile. Encor' d'autant ce mal a la force plus grande   1204
Qu'il ne se treuve presque aucun qui s'en defende;
Mesme les demi-dieux, qui jadis ont vescu
Domteurs de l'univers, ne l'ont jamais vaincu.
      Quoy? ce fameux Alcide, Alcide, la merveille   1208
De la terre et du ciel, en force nompareille,
Qui Geryon, Antee, et Lyce a combatu,*
Qui Cerbere attraina, monstre trois fois testu,
Qui vainquit Achelois,* qui l'Hydre rendit morte,   1212
Qui le ciel souleva de son espaule forte,
Ne ploya sous le faix de cette volupté?
De cette passion ne se veit pas domté?
Quand d'Omphale* captif, Meonienne Royne,   1216
Il brusloit comme vous de Cleopatre, Antoine,
Dormoit en son giron, luy baisottoit le sein,
Achetoit son amour d'un servage vilain,
Tirant à la quenouille et de sa main nerveuse   1220

Retordant au fuzeau la filace chambreuse.
Sa masse domteresse aux solives pendoit,
Son arc comme jadis encordé ne tendoit,
Sur ses fleches filoit la mesnagere araigne,   1224
Et son dur vestement estoit percé de teigne.
Les monstres, à plaisir, sans crainte cependant
S'alloyent multipliez par le monde espandant:
Les peuples tourmentoyent, mesprisant sa mollesse   1228
Et son cœur amoureux, esbat d'une maistresse.
Marc Antoine. En cela seulement semblable je luy suis,
En cela de sa race avoüer je me puis,
En cela je l'imite, et ses mœurs je rapporte,   1232
Bref il est mon ancestre en ceste seule sorte.
    Mais sus, il faut mourir, et d'un brave trespas
Expier mon diffame, et mes nuisans esbas.
Il faut, il faut mourir, il faut qu'une mort belle, 1236
Une mort genereuse à mon secours j'appelle;
Il me faut effacer la honte de mes jours,
Il me faut decorer mes lascives amours
D'un acte courageux, et que ma fin supréme   1240
Lave mon deshonneur, me punissant moymesme.
    Allons, mon cher Lucile: hé! pourquoy plorez-vous?
"Cette fatalité commune est à nous tous,
"Nous devons tous mourir: chacun doit un hommage   1244
"Au Dieu, qui les Enfers eut jadis en partage.
Appaisez vostre ennuy, las! et ne gemissez,
Car par vostre douleur mon mal vous aigrissez.
Chœur. Las que nous tourmente l'envie*   1248
    Et le desir de cette vie!
    "Que ce nous est un fier bourreau
    "Qui nous travaille et nous martelle
    "D'une gesne perpetuelle   1252
    "Que l'ignoble peur du tombeau!
  "La mortelle Parque au contraire
    "Nous offre un secours salutaire
    "Contre tous les humains malheurs;   1256

1223 M ... ne bandoit   1235 MRX ... et mes sales esbas
1246 M Appaisez vostre ennuy, et point ne gemissez
1254 MRX Toutefois la Mort au contraire

"Et nous ouvre sans fin la porte
"Par où faut que nostre ame sorte
"De ses incurables douleurs.
"Quelle Deesse plus humaine   1260
  "Peut ensevelir nostre peine?
  "Quel autre remede plus doux
  "Pour desaigrir nostre poitrine
  "De l'aspre tourment, qui s'obstine   1264
  "A nous torturer, avons-nous?
"L'esperance qui nous conforte
  "En nos angoisses n'est si forte;
  "Car souvent elle nous deçoit,   1268
  "Promettant guarir la misere
  "De celuy qui tousjours espere
  "Un vain secours qu'il ne reçoit.
"Mais la mort en sa foy certaine,   1272
  "Ne repaist d'apparence vaine
  "L'affligé qui l'appelle à soy:
  "Ains arrache si bien son ame
  "De la destresse qui l'entame,   1276
  "Qu'il ne luy reste un seul esmoy.
"Celuy qui d'une brave audace
  "Voit, sans pallir, la noire face
  "Du bourbeux fleuve d'Acheron;   1280
  "Et le traversant ne s'estonne
  "De voir la perruque grisonne
  "De son vieil batelier Charon;
"Qui peut voir, affranchy de crainte.   1284
  "Des Ombres l'effroyable feinte,
  "Errans sur les rivages cois,
  "Qu'Alecton de sa torche ardante
  "Et ses couleuvres n'espouvante,   1288
  "Ny Cerbere de ses abois;
"Mais qui peut disposer luymesme,
  "Quand il veut, de l'heure supréme
  "De ses libres jours sans effroy;   1292
  "Cette belle franchise estime
  "En son courage magnanime,
  "Plus que la fortune d'un Roy.

"La mer, des Aquilons poussee,   1296
  "Bouillonnant de rage insensee,
  "Esmouvoir son ame ne peut;
  "Ny la turbulente tempeste
  "D'un peuple, qui mutin de teste   1300
  "Contre les magistrats s'esmeut.
"Ny d'un Tyran l'horrible face,
  "Qui ne souffle que la menace,
  "Et ne se repaist que de sang;   1304
  "Ny mesme la dextre tonnante
  "De Jupiter qui accravante
  "D'un rocher l'indomtable flanc;
"Ny de la carnagere guerre   1308
  "Les foudres desertans la terre
  "Et les bataillons poudroyans
  "De soudars ardans en leurs armes,
  "Et les gros scadrons de gendarmes,   1312
  "Qui vont les plaines effroyans;
"Ny les coutelas homicides
  "Trempez aux entrailles humides
  "Des peuples pesle-mesle esteints   1316
  "D'une grand'ville saccagee,
  "Par un Roy barbare rangee
  "Sous l'effort de ses dures mains.
"O que c'est une chose vile,   1320
  "Sentant son courage imbecile,
  "Qu'au besoin ne pouvoir mourir!
  "Laissant choir d'une main mollastre
  "Le poignard tiré pour combatre   1324
  "La douleur qu'on ne peut guarir.
Heureux en son malheur Antoine,
  Et bien heureuse nostre Royne,
  Qui vont leurs vies estouffer,   1328
  Pour frauder la dextre felonne
  Du vainqueur qui les environne,
  Si desireux de trionfer.
La seule mort les peut defendre   1332
  Que Cesar ne les puisse offendre,

1323 MRX Et tomber d'une main mollastre

Despitant son foible pouvoir,
Et de toute la ronde terre
Inutil sur ceux qu'elle enferre   1336
Descendus en l'Averne noir;
Où d'Amasis l'ame est enclose,
Où le grand Psammetiq* repose,
Et où reposent enfermez   1340
Sur les Elysiennes plaines,
Francs de toutes mortelles peines,
Nos regretables Ptolomez.

ACTE IV*

Cesar, Agrippe, Dircet, Messager

Cesar. O Grans Dieux immortels,* qui avez toutes choses   1344
Au celeste pouvoir de vos dextres encloses,
Par qui le chaud, le froid, le tonnerre et les vens,
Les propres qualitez des mois s'entresuivans,
Ont leurs cours et leur estre, et qui par destinees   1348
Des empires avez les puissances bornees,
Leurs âges et leurs temps, et qui ne changeant point
Changez tout, sans tenir nulle chose en un poinct;
Vous avez elevé jusques au ciel qui tonne,   1352
La Romaine grandeur par l'effort de Bellonne,
Maistrisant l'univers d'une horrible fierté,
L'univers captivant veuf de sa liberté.
Toutesfois aujourdhuy cette orgueilleuse Romme,   1356
Sans bien, sans liberté, ploye au vouloir d'un homme;
Son Empire est à moy, sa vie est en mes mains,
Je commande, monarque, au monde et aux Romains.
Je fay tout, je peux tout, je lance ma parole,   1360
Comme un foudre bruyant, de l'un à l'autre pole:
Egal à Jupiter, j'envoye le bon-heur
Et malheur où je veux, sur Fortune seigneur.
   Il n'est ville où de moy l'on ne dresse une idole,   1364
Où à moy tous les jours une hostie on n'immole;
Soit où Phebus attelle au matin ses chevaux,
Où la nuict les reçoit, recreus de leurs travaux:

1365 MRX Et qu'a moy tous les jours

Où les flammes du ciel bruslent les Garamantes,   1368
Où souffle l'Aquilon ses froidures poignantes,
Tout recognoist Cesar, tout fremist à sa voix,
Et son nom seulement espouvante les Rois.

    Antoine le sçait bien, qui de toute la terre   1372
N'a Prince qui pour luy s'allie en cette guerre,
Qui s'arme contre moy, redoutant le pouvoir
Qu'entre tous les mortels le Ciel m'a faict avoir.

    Antoine, le pauvre homme, embrasé de la flamme   1376
Que luy mirent au cœur les beautez d'une Femme,
S'est esmeu contre moy, qui n'ay peu supporter
L'injure de ma Sœur, la voyant mal traiter,
La voyant delaissee, et son mary s'esbatre   1380
Dedans Alexandrie avec sa Cleopatre
En plaisirs dereiglez, ne faisant nuict et jour
Que plonger leurs esprits aux delices d'Amour.

    Il assembla l'Asie avec luy conjuree,   1384
Il poussa sur les flots de la mer azuree
Mille et mille vaisseaux, qui couverts de soudars,
De piques, de boucliers, de fleches et de dars,
Espouvantoyent Neptune, et les troupes humides   1388
Des Glauques et Tritons, hostes Actiatides.*
Mais les Dieux, qui tousjours s'opposent à l'effort
De celuy qui sans cause à un autre fait tort,
En un soubdain moment ont reduit en fumee   1392
Le superbe appareil d'une si grande armee.

Agrippe. De son esprit hautain l'orgueil presomptueux
Et de sa folle amour le soing voluptueux
L'ont justement perdu, qui par outrecuidance   1396
Estima la Fortune avoir en sa puissance.
De nous il ne fist conte, et comme par esbat
Vint, affranchy de peur, contre nous au combat.

    Ainsi jadis en print aux enfans de la Terre,*   1400
Qui gravirent au ciel pour faire aux Dieux la guerre,
Chargeant sur Pelion Olympe, et Osse apres,
Et dessur Osse Pinde, ainsi que par degrez,
Pour main à main combatre, et à coups de massues   1404

1391 MRX A l'effort violent de celuy qui a tort
1399 MRX Vint, affranchy du sort,

Les faire trebuscher sur les roches moussues:
Quand le grand Jupiter, de courroux eschaufé,
Maint trait de foudre aigu desserra sur Typhé,
Sur Gyge et Briaree,* escervelant leurs testes,   1408
Et sur leurs corps broyez emoussant ses tempestes.
"Car rien ne desplaist tant, rien n'est tant odieux,
"Entre les faits humains, qu'une arrogance aux Dieux.
"Tousjours un orgueilleux qui veut trop entreprendre   1412
"Au lieu de s'avancer recevra de l'esclandre.

Cesar. C'est comme un grand palais ou quelque haute tour,
Qui leve le sourcy sur les maisons d'autour,
Semblant les dedaigner, des estoiles voisine,   1416
Mais qui dans peu d'hyvers de son faix se ruine.
    Quel orgueil outrageux, mais quelle impieté
Contre l'honneur des Dieux le tenoit agité,
Lors que ses deux enfans deux jumeaux d'adultere,   1420
Comparant à Diane et à Phebus son frere,
Race Latonienne, il les fist appeller
L'un Soleil, l'autre Lune?* est-ce pas affoler?
Est-ce pas provoquer des grands Dieux le colere?   1424
Est-ce pas procurer soymesmes sa misere?

Agrippe. D'une mesme insolence il fist decapiter
Le Roy Juif Antigone,* à fin de luy oster,
Sous couleur de forfaict, son antique Royaume,   1428
Que Cleopatre aimoit pour le desir du baume.

Cesar. Il luy donna Lydie, et Syrie, et encor
L'odoreuse Arabie, et Cypre aux veines d'or;
Et donna d'avantage à ses enfans, Cilice,   1432
Les Parthes, la Medie, Armenie, et Phenice;
Les ayant declairez luymesme de sa voix,
Et comme par edict, Rois de tous autres Rois.*

Agrippe. Quoy? ravissant l'honneur à sa propre patrie,   1436
N'a-t-il pas trionfé dedans Alexandrie,
Du prince Armenien, qui s'alla rendre à luy
Sur sa parjure foy de ne luy faire ennuy?*

Cesar. Non, le peuple Romain n'a receu plus d'injures   1440

1410 MRX Rien, rien ne desplaist tant
1411 MRX Et rien ne fasche tant qu'une arrogance aux Dieux
1414 MRX C'est comme un bastiment, ou quelque grande tour

Depuis que toy, Quirin,* par celestes augures
As basti de ta main les Romulides tours,*
Qu'il a receu d'Antoine en ses folles amours;
Et jamais une guerre et plus juste et plus sainte 1444
Entreprise ne fut avec plus de contrainte,
Que ceste guerre icy, sans qui nostre Cité
Perdoit en peu de temps toute sa dignité:
Bien que j'aye regret (le Soleil j'en atteste, 1448
Et toy, grand Jupiter) qu'elle soit si funeste,
Et que le sang Latin ondoye si souvent
Comme il fait, et la terre aille à tous coups lavant.

 Quelle antique Carthage en sa haine obstinee, 1452
Quelle Gaule abayante à nostre destinee,
Quel rebelle Samnite et quel Pyrrhe indomté,
Quel cruel Mithridate, et quel Parthe ont esté
Si nuisibles à Romme?* il eust sa republique, 1456
S'il eust esté vainqueur, fait en brief Canopique.
Agrippe. Aussi les Dieux du ciel, qui ont cette Cité
Bastie pour durer en toute eternité,
Gardes du Capitol, qui ont tousjours prins cure 1460
De nous, et en prendront de la race future,
Vous ont donné victoire, à fin que redressez
Son honneur atterré par les malheurs passez.
Cesar. Voire le miserable ayant l'onde Ionie 1464
Couvert, pour m'abysmer, d'une flote infinie,
Me livra la bataille: où Fortune pour moy
Repoussant son effort le mist en desarroy;
Luy mesme print la fuitte, ayant veu son amie 1468
A pleins voiles fuyant d'une crainte blesmie.
Ses gens, bien qu'esperdus, sans conduite et sans chef,
Batailloyent vigoureux, serrez nef contre nef,
Chargeant et repoussant par la force des rames, 1472
A coups de dars, d'espieux, de piques et de flames;
Si que la nuict obscure avoit ja devalé
Sur la sanglante mer son grand voile estoilé,
Qu'ils soustenoyent encore, et lors à toute peine 1476
Ils se mirent en route en la vagueuse plaine.
Tout fut plein de soudars bouleversez des flots,

1465 MRX Couvert, pour m'opprimer

L'air d'autour resonna de cris et de sanglots,
La mer rougist de sang, et les prochains rivages   1480
Gemirent, encombrez de pieces de naufrages
Et de corps ondoyans, qui furent devorez
Des oiseaux, des poissons, des bestes des forests.
Vous le sçavez, Agrippe.*

Agrippe.   Il estoit convenable   1484
Que le Romain empire eust sa reigle semblable
Au maniment du ciel, qui tournant dessur nous
A son exemple meut tout ce qui est dessous.
Or ainsi que le ciel est regi d'un seul maistre,   1488
D'un seul maistre regi ce bas monde doit estre.
"Deux compagnons ensemble en un mesme pouvoir
"Ne se peuvent souffrir ny faire leur devoir;
"Tousjours sont en querelle, en jalousie, en haine,   1492
"Et cependant le peuple en porte seul la peine.

Cesar. Donc à fin que jamais aucun durant mes jours
Se voulant elever ne treuve du secours,
Il faut de tant de sang marquer nostre victoire,   1496
Qu'il en soit pour exemple à tout jamais memoire:
Il faut tout massacrer, si qu'il ne reste aucun,
Qui trouble à l'advenir nostre repos commun.*

Agrippe. "De meurtres il ne faut remarquer vostre empire.   1500
Cesar. "De meurtres doit user qui s'asseurer desire.
Agrippe. "On ne s'asseure point, des ennemis faisant.
Cesar. "Je n'en fay pas aussi, je les vay destruisant.
Agrippe. "Il n'est chose qui tant que la rigueur desplaise.   1504
Cesar. "Il n'est chose qui tant me face vivre à l'aise.
Agrippe. "Et quel aise a celuy que tout le monde craint?
Cesar. "D'estre craint et d'avoir ses ennemis esteint.
Agrippe. "Communément la crainte engendre de la haine.   1508
Cesar. "La haine sans pouvoir communément est vaine.
Agrippe. "Au Prince que l'on craint on desire la mort.
Cesar. "Au Prince qu'on ne craint bien souvent on fait tort.
Agrippe. "Il n'est de telle garde et de telle defense   1512
"Que de ses Citoyens avoir la bien-vueillance.
Cesar. "Rien n'est plus incertain, plus foible et plus leger,

1486 MRX Au maniment du ciel, du ciel, qui dessur nous
1497 M Qu'il en soit pour l'exemple, à tout jamais

"Que la faveur d'un peuple enclin à se changer.
Agrippe. "Bons Dieux, que chacun aime un prince debon-
    naire!   1516
Cesar. "Que l'on porte d'honneur à un Prince severe!
Agrippe. "Il n'est rien plus divin que la benignité.
Cesar. "Rien ne plaist tant aux Dieux que la severité.
Agrippe. "Les Dieux pardonnent tout.
Cesar.   Les crimes ils punissent. 1520
Agrippe. "Et nous donnent leurs biens.
Cesar.   Souvent ils les tollissent.
Agrippe. "Ils ne se vangent pas, Cesar, à tous les coups
    "Qu'ils sont par nos pechez provoquez à courroux.
    Aussi ne vous faut pas (et vous supply me croire)   1524
    D'aucune cruauté souiller vostre victoire.
    C'est un bien faict des Dieux dont ne faut abuser,
    Ains au bien d'un chacun doucement en user,
    Et leur en sçavoir gré: puis qu'ils vous font la grace   1528
    De gouverner par vous cette terrestre masse,
    Qu'ils veulent desormais en repos retenir,
    Et sa puissance esparse en un seul corps unir.
Cesar. Mais qui est cettuy-cy qui haletant arrive,   1532
    Et s'approche, marchant d'une allure hastive?
Agrippe. Il semble estre effroyé. Je luy voy sous le bras,
    Si bien je ne me trompe, un sanglant coutelas.
Cesar. Que pourroit-ce estre donc? je desire l'entendre.   1536
Agrippe. Il vient, il vient vers nous; il nous le faut attendre.
Dircet. Quel bon Dieu maintenant renforcera ma voix,
    A fin de raconter aux rochers et aux bois,
    Aux vagues de la mer bruyant à ce rivage,   1540
    A la terre et au ciel mon desastré message?
Agrippe. Quel estrange accident t'ameine icy vers nous?
Dircet. Accident lamentable. O celeste courroux!
    O Dieux trop inhumains!
Cesar.   Quelle horrible avanture   1544
    Nous veux-tu raconter?
Dircet.   Helas! elle est trop dure!
    Quand je songe aux pitiez que de mes yeux j'ay veu,
    Le sang au cœur me gele, et me sens tout esmeu:

1528 MRX Et gré leur en sçavoir   1546 MRX Quand je songe à l'horreur

Je demeure pasmé, ma poitrine agitee   1548
Me retient au gosier la parole arrestee.
Il est mort, il est mort, de cela soyez seur,
Ce large coutelas en est le meurtrisseur.
Cesar.   Helas! le cœur me fend, la pitié me bourelle   1552
L'estomach pantelant, d'ouir cette nouvelle.
Donc Marc Antoine est mort? helas! je l'ay contraint
De s'estre ores ainsi par desespoir esteint.
Mais, soldat, conte-nous de sa fin la maniere,   1556
Et comme il a laissé ceste belle lumiere.
Dircet. Apres qu'Antoine eut veu n'y avoir plus d'espoir*
D'accorder, ny de faire en guerre aucun devoir,
Et qu'il se veit trahy de tous ses gens de guerre   1560
Aux combats de la mer, aux combats de la terre,
(Qui n'estans pas contans de se rendre aux plus forts,
Encores le venoyent assaillir en ses ports),
Entre seul au palais, se debat, se tourmente,   1564

[Lines 1558–64 replace the following more detailed passage in
the 1578 version
Apres qu'Antoine eut veu qu'il n'y avoit espoir
De venir en accord, comme il avoit vouloir,
Privé de tous moyens de prolonger sa vie
Eut de la terminer en combatant envie:
Endosse la cuirasse, et ses gens fait armer,
Pour faire un grand effort tant par terre que mer.
Il estend ses pietons dessur une montaigne,
Et sa cavalerie arrange en la campagne:
Fait voguer ses vaisseaux contre les ennemis,
Qui de leur part s'estoyent en leurs galleres mis
Pour voguer à l'encontre: il s'arreste immuable,
Pour voir, comme il pensoit, quelque exploict memorable.
Les regarde approcher prests de venir aux mains,
Mais tout au mesme instant, ses gens de crainte attaints,
Et de desloyauté, les vostres saluerent,
Qui de mesme salut leurs voix accompagnerent;
Puis se meslant ensemble, et ne faisant qu'un corps,
Une masse, une flotte, assaillirent nos ports,

1555 MRX Contraint de s'estre ainsi

Comme ennemis communs, et tout à l'heure mesme
Les hommes de cheval nous en firent de mesme;
Se retirants de nous, et par leurs lasches faits
Perdant nos fantassins, qui furent tous desfaits.
Antoine espouvanté d'une telle merveille,
Comme un, qui d'un grand somme en sursaut se resveille,
Troublé de son esprit, les yeux fichez à bas,
Sans plaindre, et sans douloir, s'en retourne le pas,
Entre dans le palais, où seul il se tourmente.]

Accuse Cleopatre, et d'elle se lamente,
Dit qu'elle est desloyale et traistresse, qui veut
Le livrer à ceux-là que vaincre elle ne peut,
Pour n'avoir part au mal qu'il souffre à cause d'elle,   1568
Comme aux prosperitez de sa grandeur rebelle.
   Mais elle d'autre part, redoutant sa fureur,
Se retire aux tombeaux, habitacles d'horreur,

[Lines 1570–1 replace the following passage of the 1578
version
Lucille qui survient, le console, loyal:
Dit que c'est un malheur qui luy estoit fatal,
Qu'il doit de patience adoucir sa misere,
Et que ne luy serez que Prince debonnaire.
Mais luy s'estant desjà resolu de mourir,
Dit qu'a vostre clemence il ne doit recourir,
Comme chose inutile, et qu'avez trop d'envie,
Sans flechir à pitié, de luy oster la vie.
Donc il monte en sa chambre, ayant l'entendement
Diversement troublé de mortel pensement;
Resonge en Cleopatre, et la nomme sans cesse,
Disant que ses beautez luy causent sa detresse.
Or elle (s'estant ja, redoutant sa fureur,
Retiree aux tombeaux, habitacles d'horreur)]

Fait les portes serrer et les herses abatre   1572
Puis, outree en douleur, commence à se debatre,
Faire mille regrets, pousser mille sanglots
De son foible estomach, deschiré jusque aux os;

1570 RX Elle d'autre costé

Dit qu'elle est malheureuse entre toutes les femmes,   1576
Qu'elle perd en amour et en ses tristes flammes
Son Royaume, sa vie et l'amour de celuy
Qui restant luy faisoit supporter tout ennuy;
Mais que ce n'est sa faute, elle en jure, et atteste   1580
Et la terre, et la mer, et la rondeur celeste.
Puis luy fait annoncer qu'elle ne vivoit plus,
Ains gisoit trespassee en son tombeau reclus:
Ce qu'il croit aussi tost: en gemist, en soupire,   1584
Et croisant les deux bras commence ainsi à dire.
Cesar. O! qu'il estoit perdu!
Dircet.   'Qu'attens-tu plus, helas!
Antoine! hé! qui te fait differer ton trespas,
Puis que t'a la Fortune, à ton bien ennemie,   1588
La seule cause osté de desirer la vie?'
Quand sa bouche en soupirs eut achevé ces mots
Sa cuirasse il deslace, et se l'oste du dos:
Puis le corps desarmé va dire en ceste sorte,   1592
'Cleopatre, mon cœur, la douleur que je porte
N'est pas d'estre privé de vos yeux, mon Soleil,
Car bien tost nous serons ensemble en un cercueil:
Mais bien je suis dolent, qu'estant de tel estime   1596
Tel empereur, je sois moins que vous magnanime.'
    Il eut dict, et soudain Eros appelle à soy,
Eros son serviteur, le somme de sa foy
De l'occire au besoing: Eros a prins l'espee   1600
Et s'en est à l'instant la poitrine frapee:
Il vomit sang et ame, et cheut à ses pieds mort.
'Adoncques,' dist Antoine, 'Eros, j'approuve fort
Cet acte genereux: ne m'ayant peu desfaire,   1604
Tu as fait en ton corps ce qu'au mien je dois faire.'
    A grand'peine avoit-il ce propos achevé,
Et le poignard sanglant de terre relevé,
Qu'il s'en perce le ventre, et lors une fontaine   1608

1585 M ... commence ainsin à dire
1590 MRX Quand il eust ainsi dict, avecques grands sanglots
1592 MRX Puis estant desarmé,
1602 MRX Feignant tuer son maistre, il tombe à ses pieds mort.
1605 MRX Tu fais en ton endroit

De rouge sang jaillit, dont la chambre fut pleine.
Il chancela du coup, la face luy blesmit,
Et dessur une couche affoiblissant se mit.
Il se pasma d'angoisse, et froidit tout à l'heure,　　1612
Comme si sa belle ame eust laissé sa demeure;
Toutefois il revint, et nous advisant tous
Les veux baignez de pleurs, nous martellant de coups
De pitié, de regret et de tristesse amere,　　1616
De le voir ainsi fondre en extreme misere,
Nous pria de haster sa paresseuse mort.
Ce que ne voulant faire, un chacun de nous sort,
Mais il ne fist adonc que crier, se debatre,　　1620
Jusqu'à tant qu'arriva l'homme de Cleopatre,
Qui dist estre chargé par son commandement
De le faire porter vers elle au monument.

　　A ces mots, le pauvre homme esmeu de grande joye,　　1624
Sçachant qu'elle vivoit, à nous prier s'employe
De le rendre à sa dame, et lors dessur nos bras
Le portons au sepulchre, où nous n'entrasmes pas.
Car la Roine, craignant d'estre faitte captive　　1628
Et à Romme menee en un trionfe vive,
N'ouvrit la porte, ainçois une corde jetta
D'une haute fenestre, où l'on l'empaqueta;
Puis ses femmes et elle à mont le souleverent,　　1632
Et à force de bras jusqu'en haut l'attirerent.

　　Jamais rien si piteux au monde ne fut veu:
L'on montoit d'une corde Antoine peu à peu,
Que l'ame alloit laissant, sa barbe mal peignee,　　1636
Sa face et sa poitrine estoit de sang baignee;
Toutesfois tout hideux et mourant qu'il estoit
Ses yeux demy-couverts sur la Roine jettoit,
Luy tendoit les deux mains, se soulevoit luy mesme,　　1640
Mais son corps retomboit d'une foiblesse extréme.
La miserable Dame, ayant les yeux mouïllez,
Les cheveux sur le front sans art esparpillez,
La poitrine de coups sanglantement plombee,　　1644
Se penchoit contre bas, à teste recourbee,
S'enlaçoit à la corde, et de tout son effort
Courageuse attiroit cet homme demy mort.

Le sang luy devaloit au visage de peine,   1648
Les nerfs luy roidissoyent, elle estoit hors d'haleine.
    Le peuple, qui d'abas amassé regardoit,
De gestes et de voix à l'envy luy aidoit:
Tous crioyent, l'excitoyent, et souffroyent en leur ame,   1652
Penant, suant ainsi que cette pauvre Dame:
Toutefois, invaincue, au travail dura tant,
De ses femmes aydee, et d'un cœur si constant
Qu'Antoine fut tiré dans le sepulchre sombre,   1656
Où je croy que des morts il augmente le nombre.
    La ville est toute en pleurs et en gemissement,
En plaintes, en regrets, tout crie horriblement,
Hommes, femmes, enfans, les personnes chenues,   1660
Lamentant pesle-mesle aux places et aux rues
S'arrachent les cheveux, se deschirent le front,
Se destordent les bras, l'estomach se défont.
Le dueil y est extreme, et ne peut davantage   1664
Estre veu de misere és villes qu'on saccage:
Non, si le feu rampoit au haut des bastimens,
Que tout fust plein de meurtre et de violemens,
Que le sang decoulast ainsi qu'une riviere,   1668
Que le soldat meurtrist l'enfant au sein du pere,
Le pere de l'enfant, l'espous entre les bras
De sa femme, courant furieuse au trespas.
    Or ma poitrine estant d'un si grand dueil frapee,   1672
De la ville je sors avecque ceste espee
Que je levay de terre, ainsi que l'on sortoit
De la chambre d'Antoine, et que l'on le portoit.
Exprés je vous l'apporte, à fin que plus notoire   1676
Sa mort vous soit par elle, et que me puissiez croire.
Cesar. O dieux, quelle infortune! ô pauvre Antoine, helas!
    As-tu si longuement porté ce coutelas
Contre les ennemis, pour le faire en fin estre   1680

1652 MRX Tous crioyent, l'enhortoyent
1663 In 1578, the following four lines appeared after this:
        Tournent les yeux au ciel, grincent les dents de **raige**,
        Se lancent contre terre, et se font maint outrage,
        Beuglent comme Lions: jamais, grand Empereur,
        Vos yeux, comme je croy, ne virent telle horreur.
1671 M De sa femme, qui court

L'execrable meurtrier de toy, son propre maistre?
O mort que je deplore, helas! nous avons mis
Tant de guerres à fin, estans freres, amis,
Compaignons, et parens, egaux en mesme empire,   1684
Et faut que maintenant je t'aye fait occire!
Agrippe. Pourquoy vous troublez-vous d'inutiles douleurs?
Pourquoy dessur Antoine espandez-vous ces pleurs?
Pourquoy ternissez-vous de dueil vostre victoire?   1688
Il semble qu'enviez vous mesmes vostre gloire.
Entrons dedans la ville, et supplions aux Dieux.
Cesar. Je ne puis ne plorer son malheur larmoyeux,
Bien que je n'en sois cause, ains l'arrogance sienne,   1692
Et l'impudique amour de ceste Egyptienne.
Agrippe. Mais il faut essayer d'entrer au monument
Pour ne perdre avec elle en cet estonnement
Tant de riches thresors, qu'elle pourra mourante   1696
Jetter par desespoir dedans la flamme ardante,
Pour en frauder vos mains, et sa mort honorer,
Laissant tant de joyaux par le feu devorer.

    Envoyez donc vers elle, et faites qu'on essaye   1700
De retenir sa vie avecques quelque baye,
Quelque vaine promesse, et qu'on avise bien
Si l'on pourroit entrer par quelque fin moyen
Dans ces riches tombeaux.
Cesar.   Envoyons Proculee,*   1704
Qui appaste d'espoir son ame desolee,
L'asseure de propos, si que puissions avoir
Ses richesses et elle en nostre plein pouvoir.
Car entre toute chose ardemment je souhaite   1708
La pouvoir conserver jusqu'à nostre retraite
De ceste terre icy, à fin d'en decorer
Le triomphe qu'à Romme on nous doit preparer.

Chœur de Soldats Cesariens

Tousjours la guerre domestique   1712
  Rongera nostre Republique?

1695 M ... en un simple moment   1704 M Dans ces tristes tombeaux
1708 MRX Car sur tout je desire, et sur tout je souhaite

Et sans desemparer nos mains
Des glaives dans nostre sang teints,
Et sans despouiller la cuirace,   1716
Nostre continu vestement,
Nous irons-nous de race en race
Massacrer eternellement?
Et tousjours dedans nos poitrines   1720
Laverons nos dextres mutines?
Et seront tous lieux estofez
De nos miserables trophez,
Pour monstrer aux races futures   1724
De quelle horrible impieté
S'acharnent nos armes trop dures
Contre nostre propre Cité?
Il faut donc que le Ciel ne cesse   1728
De voir nostre cruelle oppresse,
Et descouvre de toutes pars
De nos corps cent monceaux espars,
Qui rendent fertiles les plaines   1732
Des estrangeres regions,
Orgueilleuses de se voir pleines
De tant de braves legions.
Que Neptune en remplisse és ondes   1736
Le sein des Phoques vagabondes,
Et que la Mer peinte de bleu
Rougisse du sang qu'elle a beu:
Comme la Conque Tyrienne,*   1740
Fait rougir de sang espuré
De la laine Canusienne*
Le drap en pourpre teinturé.

1740 MRX Conche
1743 In 1578, there is an extra stanza after this:
                    Tant de sang n'eust fallu respandre
                       Pour le monde asservy nous rendre:
                       Et tant de tombeaux charongniers,
                       N'eussent fait les Parthes guerriers
                       De la Romulide jeunesse;
                       Ne pour les prompts Scythes donter,
                       Dessous nostre main vainqueresse
                       Nous eust tant fallu lamenter.

Mais desormais que la grand' Romme 1744
  Est sous le pouvoir d'un seul homme,
  Qui regist sans debat d'aucun
  Son empire remis en un,
  Naguieres sous la force egale 1748
  De trois, l'un de l'autre envieux,
  Qui travailloyent la pauvre Itale
  D'un triple joug pernicieux:
J'espere que la cause ostee 1752
  De cette guerre ensanglantee,
  Et les sepulcraliers discords
  Rompus par nos derniers efforts,
  On verra dessur nostre rive 1756
  Pallir les rameaux nourriciers
  De la Palladienne Olive,
  Au lieu de steriles Lauriers.
Et que de Janus le bon pere 1760
  Le temple, que Mars sanguinaire
  Tenoit ouvert par ci devant,
  L'on fermera doresnavant:*
  Et le morion inutile 1764
  De ses pennaches despouillé,
  L'on verra pendre à la cheville,
  Et le coutelas enroüillé.
Aumoins si la guerre retourne, 1768
  Qu'entre nous elle ne sejourne
  Pour nous occire mutinez
  De glaives ailleurs destinez:
  Que nos armes tournent les pointes 1772
  Contre l'estomach des Germains,
  Des Parthes* aux refuittes feintes,
  Et des Cantabres* inhumains.
Là, de nos ancestres la gloire 1776
  S'est peinte au front de la Memoire:
  Là, les trionfes ont couverts*
  Nos Empereurs de Lauriers verds;

1755 M Esteints par nos derniers efforts
1762–3 M A tenu clos parcidevant,
        L'on ouvrira doresnavant,

Et là nostre Romme indontee,   1780
Jadis retraitte de Bergers,
En cette grandeur est montee,
Roine des peuples estrangers;
Qui presque maintenant affronte   1784
Le ciel, où sa louange monte,
Ne restant plus rien en ce rond
Qui contre elle dresse le front:
Si bien qu'il ne luy faut plus craindre   1788
Sinon de Jupiter la main,
Qui peut en se faschant esteindre
Tout d'un coup l'Empire Romain.

ACTE V

Cleopatre, Eufron, Les Enfans de Cleopatre, Charmion, Eras

Cleopatre. O Cruelle fortune! ô desastre execrable!   1792
O pestilente amour! ô torche abominable!
O plaisirs malheureux! ô chetives beautez!
O mortelles grandeurs, mortelles Royautez!
O miserable vie! ô lamentable Royne!   1796
O par mon seul defaut sepulturable Antoine!
O ciel par trop funeste, helas! tout le courroux
Et le rancueur des Dieux est devalé sur nous!
Malencontreuse Royne, ô que jamais au monde   1800
Du jour n'eussé-je veu la clairté vagabonde!
Las! je suis le poison et la peste des miens,
Je pers de mes ayeux les sceptres anciens,
J'asservis ce Royaume à des loix estrangeres,   1804
Et prive mes enfans des biens hereditaires.
    Encore n'est-ce rien, las! ce n'est rien au prix
De vous, mon cher espous, par mes amorces pris,
De vous que j'infortune, et que de main sanglante   1808
Je contrains devaler sous la tombe relante;
De vous que je destruis, de vous, mon cher seigneur,
A qui j'oste la vie, et l'empire, et l'honneur.
    O dommageable femme! hé! puis-je vivre encore   1812
En ce larval sepulchre, où je me fais enclorre?

1797 MRX O par mon seul encombre ensepulchrable Antoine!

Puis-je encor' respirer? mon ame en tel esmoy
Peut encor', peut encor' s'entretenir en moy?
O Atrope, ô Clothon, mortelles filandieres!*   1816
O Styx, ô Phlegethon, infernales rivieres!
O filles de la Nuict!

Eufron.   Pour vos enfans vivez,
Et d'un sceptre si beau, mourant, ne les privez.
Helas! que feront-ils? qui en prendra la cure?   1820
Qui vous conservera, royale geniture?
Qui en aura pitié? desja me semble voir
Cette petite enfance en servitude cheoir
Et portez en trionfe.

Cleopatre.   Hà! chose miserable!   1824
Eufron. Leurs tendres bras liez d'une corde execrable
Contre leur dos foiblet.

Cleopatre.   O Dieux, quelle pitié!
Eufron. Leur pauvre col d'ahan vers la terre plié.

Cleopatre. Ne permettez, bons Dieux, que ce malheur
advienne!   1828
Eufron. Et au doigt les monstrer la tourbe citoyenne.

Cleopatre. Hé! plustost mille morts.

Eufron.   Puis l'infame bourreau
Dans leur gorge enfantine enfoncer le cousteau.

Cleopatre. Helas! le cœur me fend. Par les rivages sombres,   1832
Et par le champs foulez des solitaires Ombres,
Par les Manes d'Antoine, et par les miens aussi,
Je vous supplie, Eufron, prenez-en le souci:
Servez-leur de bon pere, et que vostre prudence   1836
Ne les souffre tomber sous l'injuste puissance
De ce cruel tyran; plustost les conduisez
Aux Ethiopes noirs aux cheveux refrisez,*
Sur le vague Ocean à la mercy des ondes,   1840
Sur le neigeux Caucase aux cymes infecondes,
Entre les Tygres prompts, les Ours et les Lions,
Et plustost et plustost en toutes regions,
Toutes terres et mers: car rien je ne redoute   1844
Au pris de sa fureur, qui de sang est si gloute.

1839 M Sur la noire Ethiope,   1843 M vers toutes regions
1844 M Tous peuples, toutes mers

Or, adieu mes enfans, mes chers enfans adieu,
La sainte Isis vous guide en quelque asseuré lieu,
Loin de nos ennemis, où puissiez vostre vie   1848
Librement devider sans leur estre asservie.

Ne vous souvenez point, mes enfans, d'estre nez
D'une si noble race, et ne vous souvenez
Que tant de braves Rois de cette Egypte maistres,   1852
Succedez l'un à l'autre, ont esté vos ancestres;
Que ce grand Marc Antoine a vostre pere esté,
Qui descendu d'Hercule a son los surmonté.
Car un tel souvenir espoindroit vos courages,   1856
Vous voyant si decheus, de mille ardentes rages.

Que sçait-on si vos mains, à qui le faux destin
Les sceptres promettoit de l'empire Latin,
Au lieu d'eux porteront des houlettes tortues,   1860
Des pics, des aiguillons, conduiront les charrues?
Apprenez à souffrir, enfans, et oubliez
Vostre naissante gloire, et aux destins pliez.

Adieu, mes enfançons, adieu, le cœur me serre   1864
De pitié, de douleur, et ja la mort m'enferre,
L'haleine me defaut, adieu pour tout jamais,
Vostre pere ny moy ne verrez desormais.
Adieu, ma douce cure, adieu.

Les Enfans de Cleopatre.   Adieu, Madame.   1868
Cleopatre. Las! cette voix me tue! helas! bons dieux, je pasme,
Je n'en puis plus, je meurs.
Eras.   Madame, et voulez-vous
Succomber au malheur? helas! parlez à nous.
Eufron. Allons, Enfans.
Les Enfans de Cleopatre.
                        Allons.
Eufron.   Suivons nostre avanture,   1872
Les Dieux nous conduiront.
Charmion.   O Fortune trop dure!
O sort trop rigoureux! que ferons-nous, ma Sœur,
Que ferons-nous, helas! si le dard meurtrisseur
De la mort la vient poindre, ore qu'un foible somme   1876

1855 M Qui descendu d'Hercule a l'univers donté.   1857 M Restans si abatus
1861 M Des pics, des aiguillons à mener les charrues?

Son corps pasmé de dueil et demy mort assomme?
Eras. Le visage luy glace.
Charmion.   Hé! Madame, pour Dieu
Ne nous laissez encore, ains dites-nous adieu.
Las! plorez sur Antoine, et que son corps ne tombe   1880
Sans les obseques deuz en la funebre tombe.
Cleopatre. Hé! hé!
Charmion.   Madame.
Cleopatre.   Helas!
Eras.   Qu'elle est foible d'ennuis!
Cleopatre. Mes Sœurs, soustenez-moy. Que chetive je suis!
Que je suis miserable! Et jamais femme aucune   1884
Fut tant que moy confite aux aigreurs de Fortune?
   Larmoyante Niobe, helas! bien que ton cœur
Se veist enveloppé d'une juste langueur,
Pour tes enfans meurtris, et qu'au haut de Sipyle,   1888
De douleur tu sois faitte une roche immobile,
Qui pleure incessamment, tu n'eus jamais pourtant
Tant de causes d'ennuis que j'en vay supportant.
Tu perdis tes enfans, je pers les miens, pauvrette,   1892
Et leur pere je pers, que plus qu'eux je regrette;
Je pers ce beau Royaume, et le ciel rigoureux
Ne me transforme point en un marbre pleureux.
   Filles du blond Soleil, vierges Phaëthontides,   1896
Pleurant vostre germain cheut és ondes liquides
Du superbe Eridan, les bons Dieux à ses bords
En Aulnes rivagers transmuerent vos corps:
Moy, je pleure, et lamente, et soupire sans cesse,   1900
Et le ciel impiteux se rit de ma tristesse,
La renforce et rengrege, et pour tout reconfort
Me laisse (ô cruauté!) la violente mort.
   Or meurs donc Cleopatre,* et plus long temps
      n'absentes   1904
Antoine, qui t'attend aux rives pallissantes;
Va rejoindre son ombre, et ne sanglote plus
Veuve de son amour en ces tombeaux reclus.

1880 M Ains plorez sur Antoine
1940–1 MRX   ... où se voyoit empreinte
              Luisant diversement, et l'amour et la crainte,

Eras. Helas! pleurons-le encore, et que la mort soudaine*   1908
  Ne luy oste nos pleurs et la derniere peine
  Que devons à sa tombe.

Charmion.   Helas! helas! pleurons
  Tant qu'aurons quelque humeur, puis à ses pieds mourons!

Cleopatre. Qui fournira mes yeux de larmes ruisselantes,   1912
  Pour plorer dignement mes angoisses cuisantes,
  Et te plorer Antoine? ô Antoine, mon cœur,
  Las! helas! qu'il faudroit de larmeuse liqueur!
  Et toutefois mes yeux ont espuisé leurs veines   1916
  De force de pleurer mes desastreuses peines.
  Il faut donc que taris ils hument de mon flanc
  Toute l'humeur vitale, et puis coulent le sang.
  Que le sang sorte donc de ma lampe jumelle,   1920
  Et tombant tout fumeux avec le tien se mesle,
  Le detrempe et rechaufe, et t'en arrouse tout,
  Roulant incessamment jusqu'au dernier esgout.

Charmion. Antoine, pren nos pleurs, c'est le dernier office   1924
  Que tu auras de nous ains que la mort ravisse
  L'ame de nostre corps.

Eras.   Que ce devoir sacré
  Tu reçoives, Antoine, et qu'il te vienne à gré.

Cleopatre. O Deesse adoree en Cypre et Amathonte,*   1928
  Paphienne Venus, à nos desastres promte
  Pour la race d'Iule, hé! si tu prens soucy
  De Cesar, que de nous tu n'en prenois aussi?
  Antoine, comme luy, par la suitte enchaisnee   1932
  D'innombrables ayeux estoit venu d'Enee,*
  Capable de regir dessous mesmes destins,
  Vray sang Dardanien,* l'empire des Latins.
    Antoine, ô pauvre Antoine, Antoine, ma chere ame,   1936
  Tu n'es plus rien qu'un tronc, le butin d'une lame;
  Sans vie et sans chaleur, ton beau front est desteint,
  Et la palle hideur s'empare de ton teint.
  Tes yeux, deux clairs soleils, où l'Amour prenoit place,   1940
  Et en qui Mars logeoit une guerriere audace,
  De paupieres couverts, vont noüant en la nuict,
  Comme un beau jour caché, qui les tenebres fuit.
    Antoine, je te pry' par nos amours fidelles,   1944

Par nos cœurs allumez de douces estincelles,
Par nostre sainct hymen, et la tendre pitié
De nos petits enfans, nœu de nostre amitié,
Que ma dolente voix à ton oreille arrive,   1948
Et que je t'accompagne en l'infernale rive,
Ta femme et ton amie: entens, Antoine, entens,
Quelque part que tu sois, mes soupirs sanglotans.

J'ay vescu jusqu'ici, j'ay la course empennee   1952
De mes ans accomply selon la destinee:
J'ay flory, j'ay regné, j'ay la vengence pris
De mon frere ennemy,* qui m'avoit à mespris:
Heureuse et trop heureuse, helas! si ce rivage   1956
Seulement n'eust receu le Romain navigage.
Or maintenant ira mon grand image faux
Dessous la terre ombreuse ensevelir mes maux.*

Que dis-je? où suis-je? ô pauvre, ô pauvre Cleopatre! 1960
O que l'aspre douleur vient ma raison abatre!
Non, non, je suis heureuse, en mon mal devorant,
De mourir avec toy, de t'embrasser mourant,
Mon corps contre le tien, ma bouche desseichee,   1964
De soupirs embrasez, à la tienne attachee,
Et d'estre en mesme tombe et en mesme cercueil,
Tous deux enveloppez dans un mesme linceul.*

Le plus aigre tourment qu'en mon ame je sente,*   1968
Est ce peu que je suis de toy, mon cœur, absente:
Je mourrois tout soudain, tout soudain je mourrois,
Et ja fugitive Ombre avec toy je serois,
Errant sous les cyprés des rives escartees,   1972
Au lamentable bruit des eaux Acherontees:
Mais je demeure encore, et te survis, à fin
De ton corps honorer devant que prendre fin.

Je veux mille sanglots tirer de mes entrailles,   1976
Et de mille regrets orner tes funerailles;
Tu auras mes cheveux pour tes oblations,
Et mes boüillantes pleurs pour tes effusions;
Mes yeux seront tes feux, car d'eux sortit la flamme   1980

1969 absente] Y absence
1980-1 MRX Mes yeux seront les feux que les tiens allumerent
         D'esgales amitiez, qui mes os desseicherent.

Qui t'embrasa le cœur amoureux de ta Dame.
Vous, Compagnes, plorez, plorez, et de vos yeux
Faittes sur luy tomber un torrent larmoyeux;
Les miens n'en peuvent plus, consommez de la braise   1984
Que vomist ma poitrine ainsi qu'une fournaise.
Plombez vostre estomach de coups multipliez,
Tirez avec effort vos cheveux deliez,
Outragez vostre face: helas! pour qui mourantes   1988
Voulons-nous conserver nos beautez languissantes?
   Moy, ne le pouvant plus de mes pleurs arrouser,
Que feray-je élarmee, helas! que le baiser?
Que je vous baise donc, ô beaux yeux, ma lumiere!   1992
O front, siege d'honneur! belle face guerriere!
O col, ô bras, ô mains, ô poitrine où la mort
Vient de faire (hà! mechef!) son parricide effort!
Que de mille baisers, et mille et mille encore,   1996
Pour office dernier ma bouche vous honore;
Et qu'en un tel devoir mon corps affoiblissant
Defaille dessur vous, mon ame vomissant.*

1995 M Vient de faire (ô mechef!)

NOTES

HIPPOLYTE

A MESSEIGNEURS DE RAMBOUILLET

Charles D'Angennes, Cardinal de Rambouillet and his brothers Claude and Nicolas. The D'Angennes family exercised great influence in the legal and administrative organisation of the province of the Maine. They were Garnier's superiors when he was a magistrate at Le Mans. See Mouflard, 1, *La Vie*, pp. 204–11.

P. DE RONSARD

Ronsard praises Garnier in poems prefixed to *Porcie, Cornelie, La Troade*. The remainder of the liminary poems, by persons of lesser literary consequence than Ronsard, have been omitted.

ARGUMENT

HRX SUGET DE CESTE TRAGEDIE

Certain moral judgements may be deduced from the language of the *Argument*. Phèdre is afflicted by a passion or madness so strong that resistance is impossible and moral restraints ineffectual; Hippolyte is a virtuous and innocent victim, *pauvre jeune prince*; Thésée is 'credulous'. Phèdre's repentance is due to love and pity as well as to consciousness of guilt.

ACTE PREMIER

Egee

Catullus tells us how Theseus, setting out on his mission to kill the Minotaur and save his father's kingdom of Athens from subjection to the yearly tribute of youths and maidens exacted by King Minos of Crete, promised the old King Aegeus to hoist white sails instead of the dark-coloured sails of mourning of the tribute ship if he should be successful. Theseus was helped by Ariadne, Minos's daughter, who had fallen in love with him, to escape from the Labyrinth after slaying the Minotaur, and fled with her over the sea. He callously abandoned her on the shore of the island of Dia (Naxos in other versions), forgetting his promises. Ariadne, distraught with grief and rage, appealed to Jupiter to make Theseus's loss of memory fatal to those he loved and Theseus forgot to give the signal of white sails to his father, who, in despair at having sent his son to his death, threw himself over the cliff from which he was watching, and perished in the sea—thereafter called *Aegean* in his memory. (Catullus LXIV, 50–284.)

13. *Cecropienne*: Athenian, from Cecrops, earliest King of Attica.

32. One legend made the annual tribute seven youths and seven maidens, another, seven youths. The Labyrinth was built by Daedalus to house the Minotaur.

42. *Comme*: bien qu'étant.

85. *Pirithois*: Pirithoüs, son of Ixion; *les noires Sœurs*: the Furies (Megaera, Alecto, Tisiphone).

87. *Alcide*: Hercules; cf. MA 1064, 1208.

118–22. Prometheus, Ixion, Tantalus, and Sisyphus were famous for the punishments they endured in Hades; Tityus and Typhon were giants killed by the Gods. All had committed insolent crimes; cf. MA 247, 249.

132. *le port Gnossien*: Knossos, capital of Crete.

161. This description of twilight is from Seneca *Hercules Furens* 668–72.

204. *Thriasien*: (4-syllabled) Thracian. Latin *Thriacius*.

263. *sacrifiant*: a detailed description of a sacrifice with sinister omens is found in Seneca, *Oedipus* 352–83 but there is no textual imitation here.

282. *Delienne*: Diana. She and her twin, Apollo, were born to Latona on Delos.

285. *Chœur de Chasseurs*: Diana is here invoked, as was customary in prayers, in her various capacities, particularly as Goddess of chastity, of wild nature, and of hunting. Catullus's *Ode to Diana* (xxxiv) may have suggested the rhythm, metre, and some of the attributes of Diana to Garnier, but the passage on the delights of hunting, with its vivid word pictures, is of Garnier's own devising. The spirit is that of the rustic odes of Ronsard.

ACTE II

381. *mere des Dieux*: Crete was the birthplace of Jupiter. The first part of this speech (381–96) derives from Seneca, *Phaedra* 85–98. The prayer to the Gods, the lyrical expression of Phèdre's suffering and the story of her abduction (397–438) are not in Seneca. Imitation begins again at 446 (Sen. 99ff.).

406. *finissant mes jours*: cf. Seneca's Phaedra who thinks of dying only when the Nurse points out that her infidelity cannot be hidden from Theseus.

426. *Naxeans*: According to some legends, Theseus abandoned Ariadne on the island of Naxos.

435–6. See Catullus LXIV, 117–18.

467. The Nurse's speech imitates only the beginning (129–37) of the very long speech in Seneca (129–77). The dialogue which follows (493–560) is not in Seneca.

561. *Tirynthien*: Hercules, brought up at Tiryns in Argolis.

603ff. This passage on the forbearance and compassion of the Gods comes from Seneca, *De Beneficiis* VII, xxxi.

626. *Phlegrean*: Garnier seems here to confuse (a) Phlegra, in Macedonia, the scene of the combat between the Gods and the Giants who were eventually buried under the mountains and (b) the *Phlegraei campi*, a sulphurous region near Naples. Ronsard makes the same confusion in his *Ode a M. de L'Hospital* (314). See Ronsard *Œuvres complètes*, ed. Laumonier, III, p. 137.

646. The situation of Phèdre as abandoned wife is like that of Dejanira in Seneca's *Hercules Oetaeus*. The list of the infidelities of Thésée (649ff.) recalls those of Hercules (*Herc. Oet.* 362ff.).

649. *Helene Ledeanne*: Helen, daughter of Jupiter and Leda, was as a young girl carried off by Theseus.

665. *Antiope*: in some legends, an Amazon killed by Theseus, in others the mother of Hippolytus.

691. For this speech see Seneca, *Phaedra* 142–3; 165–77 (end of the Nurse's long speech).

708. *Phase*: Phasis, river in Colchis. All the peoples mentioned here were wild and bloodthirsty.

722. *Paphienne*: Venus, from Paphos in Cyprus, sacred to her cult.

793ff. This passage is inspired by Seneca, *Phaedra* 195ff. and 204ff. The word *estranger* in 798 suggests that Garnier may in 797–8 be hinting at the Italian ways of the French court.

816. *paresseuses*: proleptic use of the adjective; cf. Horace, *bruma iners*.

905. *vieillard chetif*: the punishment of Tantalus; cf. 119 and MA 249.

941–64. These lines refer to the labours of Hercules who himself became a slave to love and sat spinning among Queen Omphale's maidens, a symbol of the power of love to make man 'effeminate'; cf. M.A. 1208ff. (Favourite example.)

967. *N'avous*: contraction of *N'avez vous (pas) vengé*.

969. *Pasiphé*: Pasiphae's father was the Sun-God, here identified with Apollo (*Phebus* in 1114) who discovered Venus in the embrace of Mars. Venus swore vengeance on the race of the Sun-God and afflicted Phaedra with an unnatural passion.

ACTE III

977–1064. Phèdre's monologue is an original speech, a *complainte* in the manner of Ariosto, lyrical, passionate, elegiac. Details can be traced to Seneca, but the passage is typical of Pléiade taste.

978. *Vierges infernales*: the Parcae (Clotho, Lachesis, Atropos) who spun the fates of men; cf. MA 1816.

1017. *Cynthienne*: Cynthia the Moon-Goddess loved the shepherd Endymion and visited him each night as he slept.

1022. *Cephale*: Cephalus, a youth loved by Aurora, wife of Tithon.

1025ff. The description of the hunter's life comes partly from Seneca, *Phaedra* 501ff.

1065–1124. Freely imitated from Seneca, *Phaedra* 360–86.

1131–50. The Nurse's prayer to Diana (Seneca, *Phaedra* 406ff.) is put by Garnier into the mouth of Phèdre.

1132. *triple forme*: Diana, Hecate, Luna. Also Trivia (1137) in her capacity as Hecate, Goddess of the cross-roads.

1159–1274. Garnier adapts, shortens, simplifies, and divides into two speeches the long speech of the Nurse in Seneca, *Phaedra* 435–82. The long answer of Hippolytus is also divided.

1197–1240. Garnier utilises only part of Hippolytus's long speech on country life (Seneca, *Phaedra* 483–564). He suppresses the descriptions of the Golden Age (525ff.).

1299–1308. Cf. Seneca, *Phaedra* 583ff.

1321–2. Spoken by Phaedra in Seneca (594–9); Garnier makes Phèdre less brazen. The rest of the scene follows Seneca.

1359–61. Cf. Seneca's *mandata recipe sceptra*, perhaps figuratively = throne. Garnier makes the gesture more vivid.

1383. *mary*: Seneca, *Phaedra* 633: tibi parentis ipse supplebo locum.

1432. *Le grand monstre de Gnide*: the Minotaur. *Gnide*, sacred to Venus, is a mistake for *Gnosse*.

1455. *pere Saturnien*: Père Jupiter, son of Saturn.

1523–1610. Garnier's theme here is the guilt of Phèdre and of other criminal women who have accused innocent men whereas Seneca's at this point is Hippolytus's fatal beauty (736ff.).

1587. *Sthenobee*: Sthenoboea, wife of Proteus, King of Tiryns, tried to seduce the virtuous Bellerophon; rejected by him, in revenge she accused him to her husband. When later she heard of his marriage she killed herself.

1597. *Acaste Magnesien*: the wife of Acastus, King of Iolcos in Thessaly, fell in love with King Peleus, her husband's guest. Repulsed by Peleus, she accused him of trying to seduce her. *Magnesien* from Magnessa, a town in Thessaly.

1599. *Amazonide*: Son of the Amazon, Hippolytus himself.

ACTE IV

1611ff. This scene comes from Seneca, *Phaedra* 835ff.

1615. *Eleusis*: town near Athens, famous for its mysteries of Ceres, Goddess of corn.

1633. Does Garnier intend a clap of thunder to be heard? Seneca mentions merely a *moesta lamentatio* and a *fremitus flebilis* (*Phaedra* 850–2).

1645–52. Lines added by Garnier, who enjoyed stichomythia.

1670. *par ma cendre*: by my dead body; from Seneca, *Phaedra* 870.

1743–1848. Based on Seneca, *Phaedra* 903–58 but in no way a translation.

1805. *Sarmate*: Sarmatians, a Slavic people between the Vistula and the Don.

1807. *Garamante*: Garamantes, a tribe in the interior of Africa.

1849–98. Garnier invents the remorse and suicide of the Nurse.

1897. *l'Orque*: Orcus, the Lower World.

1899ff. This choral ode, invented by Garnier, expresses the suspense of the spectators and underlines the guilt of Theseus in yielding to the dangerous passion of anger.

ACTE V

1991ff. This protestation of innocence, not in Seneca, probably derives from Euripides, *Hippolytus* 1192.

2069–88. These two 'epic' similes were invented by Garnier.

2160. Here, no doubt (see 2148), the body of Hippolytus is borne in.

2220. *je n'ay pas vostre grace*: cf. MA 412 *Je n'auray ce plaisir de mourir en ta grace*.

2249ff. Cf. passage on death of Dejanira, Seneca, *Herc. Oet.* 1003ff.

2285. *Ville Mopsopienne*: Athens; Mopsopus was a king of Athens.

2311. *Dires*: Dirae, the Furies.

2325. *Hé! Hé!*: Theseus weeps. In Seneca he tries to reassemble the mutilated fragments of his son's body; Garnier omits this.

2335. *Eac*': (Éaque) Aeachus, like Radamanthus and Minos, a judge in the Lower World.

2384. In Seneca, Theseus's last words are to curse Phaedra and order her body to be buried without rites.

MARC ANTOINE

A MONSEIGNEUR DE PIBRAC

Guy du Faur de Pibrac, 1529–84, Toulouse lawyer, author of *Quatrains* (1574), friend and protector of Garnier in Toulouse and Paris. See Mouflard, i, *La Vie*, chs. vi–ix.

Garomne. Possibly this means that *Porcie* (1568) may have been performed at Toulouse through the influence of Pibrac. See Mouflard, i, *La Vie*, chs. vi–vii.

ACTEURS

All the characters are mentioned in Plutarch's *Life of Antony*.

ACTE PREMIER

21. *Peluse*: In the spring of 30 B.C. Octavian advanced from Syria. Pelusium at the mouth of the Nile was captured, it was rumoured with the consent of Cleopatra. (Plutarch XCVI.)

53. *Megere*: Megaera, Tisiphone, and Alecto were the three Furies who caused men with guilty consciences to go mad. Cf. MA 237 and H 85.

57. *l'Atride*: Orestes, grandson of Atreus, killed his mother Clytemnestra to avenge his father, Agamemnon, murdered by his mother and her lover Aegistheus. Pursued by the Furies, he went mad.

72. *Arsacides Rois*: the Parthian kings, of whom Arsaces was the first. On two occasions Antony set out to conduct expeditions against the Parthians but was diverted from his intention by his infatuation with Cleopatra.

73. *la route de Crasse*: the rout (defeat) of M. Licinius Crassus, the triumvir, defeated and slain by the Parthians, whom he had invaded in 53 B.C. (See Appian v, ch. 7.)

92. *Hyrcaniens*: Hyrcania, a district on the South shores of the Caspian Sea adjacent to Media and Parthia; cf. 94.

94. *Phraate*: Plutarch XLVI ... 'puis s'en alla mettre le siege deuant Phraata la principale et la plus grande ville qu'eust le roy de la Medie.' Garnier is here echoing a phrase used by Amyot in his second edition of 1565 and subsequent editions. The first edition (1559) reads 'deuant la ... plus grande ville qu'eust Phraortes, le roy de Medie'.

96. *machines*: his siege machines (cf. Plutarch XLVI 'machines de baterie').

110. *Canopides*: Egyptian; Canopus, an island town on the mouth of the Nile was notorious for its luxury.

118. *Phar'*: from Pharos, an island near Alexandria, where there was a famous lighthouse.

122. *ta femme . . . geniture*: Octavian's sister, whom Antony had married in 40 B.C. after the death of Fulvia, had borne him two children.

136. Both Plutarch and Dio Cassius speak of Cleopatra's lengthy negotiations with Octavian after Actium. Garnier's *Cléopâtre*, however, does not try to obtain Octave César's pardon.

149ff. For the initial movement of this chorus see Horace, Odes II, ix, *Non semper imbres*.

191. *Scythes*: Scythians, a general name for the nomadic tribes of the North of Europe and Asia. *Massagetes*: the Massagetae were a Scythian people.

220. *larcin*: Because Prometheus stole fire from Heaven, Jupiter sent Pandora with her box of evils to punish humanity.

ACTE II

246. *Geans*: for the revolt of the Giants see notes to 1400–9.

247. *Ixion*: Ixion tried to seduce Juno, but Jupiter made a cloud in her image, from which Ixion begot the Centaurs. For boasting that he had possessed Juno, Jupiter hurled Ixion into Hades.

248. *Salmoné*: Salmoneus imitated lightning by means of burning torches and was hurled into Tartarus by a thunderbolt from Jupiter.

273. *Argolique*: adjective 'from Argos', and usually means Greek. Isis was of course an Egyptian goddess, but she appears also in Greek mythology, sometimes identified with Io.

290. Names of Trojan warriors killed by the Greeks.

291. *Simoïs*: tributary of the river Scamander near Troy.

301–8. This list of portents comes from Dio Cassius LI, ch. 17.

304. *Apis*: the ox worshipped as a god by the Egyptians.

309ff. See Plutarch XCVIII.

314. *Nyse*: Nysa, a city in India, the birthplace of Bacchus. *Edonides*: Thracian women, followers of Bacchus, hence Bacchantes.

321ff. This chorus combines mythological examples of lamentation from two passages of Seneca (*Agamemnon* 664ff. and *Hercules Oetaeus* 184–208).

335–8. *Ismarien* and *Daulien*: adjectives from Thracian place-names and mean Thracian. *Itys*: Tereus, King of Thrace, married Progne, daughter of the King of Athens, but treacherously violated his wife's sister, Philomela. The two sisters punished Tereus by killing Itys, son of Tereus and Progne, and serving his flesh to his father. Progne was changed into a swallow (*Le jazard Daulien oiseau*) and Philomela into a nightingale.

339–44. Alcyone, when her beloved husband Ceyx was drowned in a shipwreck, threw herself into the sea. Both were turned into kingfishers.

345–50. There are various legends about Cycnus, who was changed into a swan. According to Greek mythology, the swan sang as it died and was associated with the river Meander.

357–62. *Phaëthontides*. The sisters of Phaethon wept for their brother when he was drowned in the river Po (Eridanus) after having tried to drive the chariot of his father, the Sun-God, who killed him with a thunderbolt to prevent his setting the Earth on fire when he lost control of his steeds.

363–8. Niobe, who wept for her children, slain by Apollo, until she was turned to stone, and her tears to a fountain, on Mt. Sipylus. Cf. MA 1886–90.

369–74. *Myrrhe*: Myrrha, who was changed into a myrrh-tree because of her incestuous relationship with her father Cinyras. Her tears became drops of myrrh.

375–80. Atys was a young shepherd whom the Goddess Cybele loved. In a fit of madness he emasculated himself and joined her priests (*Les chastrez*) in their frenzied rites. (See Catullus LXIII.) The mountain of Dindymus in Phrygia was sacred to Cybele.

411. *la Carontide nasse*: the boat of Charon who ferried the dead across the Styx.

430–46. This description of Antoine's infatuation comes from Plutarch LXXXV. ' ... tant il se laissa mener et trainner à ceste femme, comme s'il eust esté collé à elle, et qu'elle n'eust sceu se remuer sans le mouvoir aussi. Car tout aussi tost qu'il veit partir son vaisseau il oublia, abandonna et trahit ceulx qui combatoyent et se faisoyent tuer pour luy, et se jetta en une galere à cinq rencs de rames pour suyvre celle qui l'avoit desja commencé à ruiner, et qui le devoit encore du tout achever de destruire.'

Garnier makes Cléopâtre accuse herself remorsefully, and this makes her a much more sympathetic figure.

449. *La frayeur d'une femme*: Dio Cassius attributes Cleopatra's flight at Actium to feminine panic (L, ch. 33), Plutarch mentions less innocent reasons: 'Cleopatra le contraignit de commettre tout au hazard d'une bataille de mer, regardant desja comment elle s'en pourroit fouir, et disposant de ses affaires, non pour aider à gaigner la victoire mais pour legerement eschapper quand tout seroit perdu' (LXXII).

452. Garnier makes jealousy of Octavia the motive which induced Cléopâtre to stay with Antoine and fight at Actium. Plutarch gives a political motive (avoiding a reconciliation with Octavian) (Plutarch LXXIII).

460–2. These peoples represent the boundaries of Rome's power.

556. *Espouse*: Anthony had divorced Octavia (Dio Cassius, *Roman History* L, ch. 3). He married Cleopatra in 37 B.C.

571–2. See Plutarch LXXI.

597. *Alceste*: Alcestis, a perfect wife, offered to die instead of her husband Admetus.

605. *Mausole*: Artemisia, wife of Mausolus, King of Caria, built at Hali-carnassus a famous tomb for her husband in 353–351 B.C. The Mausoleum was one of the wonders of the world. Its remains are in the British Museum.

610. *Pharsale*: Pharsalus in the plain of Thessaly, where Caesar defeated Pompey. Antony commanded part of Caesar's army. *Enipee*: Enipeus, a river near Pharsalus.

678. *Anubis*: an Egyptian deity represented with the head of a dog. Garnier introduces Egyptian deities for local colour.

709ff. Diomède's description of Cléopâtre's beauty, charm, and intelligence comes from Plutarch (XXXII); the pink and white complexion and golden hair from Garnier's own imagination, fed by Petrarchan imagery.

743ff. This chorus, largely original, owes details to Tibullus *Elegies*, Book I, VIII, 20–23 (cf. MA 780–90), and 25–26 (cf. MA 750–60), and to Lucan, *Pharsalia* x, 11–12 (cf. MA 808–14). See M. M. Mouflard, III *Les Sources* pp. 141 and 281.

787. *cornes*: in Antiquity river gods were represented with horns.

ACTE III

866. *desespoir*: Plutarch tells how Antony's despair after Actium made him shun all but his closest friends Lucilius and Aristocrates (Plutarch xc).

894. *Thyree*: Thyreus, see Plutarch, xcv. In Dio Cassius he is called Thyrsus.

896. *Alexas*: see Plutarch, xciv.

905. *naissance*: for the birthday celebrations see Plutarch xcv (end).

936–7. From Dante's *Inferno*, Canto v (words of Francesca).

948. *Mutine*: a reference to the war of Mutina (Modena) in 43 B.C. in which the consuls, Hirtius and Pansa, were killed while opposing Antony, who was besieging Mutina (Dio Cassius xlvi, chs. 38–39).

956–9. At Philippi, in Macedonia, Octavian and Antony defeated Brutus and Cassius in 42 B.C. Brutus had defeated the troops of Octavian, but Cassius was outmanoeuvred by Antony, and not realising that Brutus had won, killed himself. Plutarch says that Antony was more successful than Octavian in these military operations (Plutarch xxv).

962–67. Lucilius, in a generous attempt to save Brutus at Philippi, gave himself up to Antony, who, impressed by his chivalry, offered him his friendship (Plutarch xc).

1000. *Pere*: Octavian was the *adopted* son of Caesar. His mother was Atia, daughter of Julia, only child of Caesar.

1002. *mesme sang*: Anthony's mother belonged to the *gens* Iulia, as did Julius Caesar.

1026–9. Antony had made this request, but Octavian had refused to grant it. See Plutarch xciv.

1036. *Lucie*: Lucius Antonius had, with Antony's wife Fulvia, conspired against Octavian and organised a rebellion. He surrendered in 40 B.C.

1037. *Lepide*: Lepidus, the third triumvir, was deprived of power in 36 B.C. His life was spared and he lived until 12 B.C.

1051. "Antonius … luy remanda qu'il le desfioit à combatre seul à seul en champ clos, combien qu'il fust le plus vieil" (Plutarch lxxix).

1064. *sang d'Hercule*: Antony claimed descent from Hercules. See also MA 1208 and MA 1855.

1069. *deux fois*: i.e. at Pharsalus (48 B.C.) and Philippi (42 B.C.), both in Thessaly.

1084. *Camile*: M. Furius Camillus, conquered Veii and freed Rome from the Gauls (396 B.C.). *Marcel*: M. Claudius Marcellus, the taker of Syracuse (396 B.C.). *Scipion*: either P. Cornelius Scipio Africanus Major (Zama, 202 B.C.), or P. Cornelius Scipio Aemilianus Africanus Minor (razed Carthage 146 B.C.).

1200. *Roy d'Assyrie*: probably Sardanapalus, King of Assyria (668–626 B.C.), notoriously effeminate and luxury-loving.

1210–13. Refer to seven labours of Hercules, including that of holding up the heavens for Atlas.

1212. *Achelois*: Garnier means Achelous, a river-god whom Hercules overcame.

1216. *Omphale*: Queen of Maeonia in Lydia, with whom Hercules (Alcide) fell in love after he had accomplished his labours. Exchanging his club for a spindle, he sat ingloriously spinning among her maidens. Plutarch makes the same comparison of Antony with Hercules, in *Comparison of Demetrius and Antony*, ch. iv. Cf. H 941–64.

1248ff. This chorus is partly inspired by one in Seneca, *Agamemnon* (589–92 and 598–600).

1338–9. *Amasis* and *Psammetichus*: Kings of Egypt.

ACTE IV

This Act has certain similarities with Act II of Jodelle, *Cléopâtre captive*.

1344ff. In a sense a tyrant's or conqueror's 'set piece' upon his own conquests and glory, although the pious Garnier makes Octavian begin by recognising the favour of the Gods towards Rome.

1389. *Glauques et Tritons*: sea deities. *Actiatides*: an adjective from Actium = of the sea at Actium.

1400ff. The revolt of the Giants, sons of Earth and Tartarus, against Jupiter was a favourite theme of Renaissance poetry.

1407–8. *Typhé, Gyge, Briarée*: hundred-armed Giants.

1423. *l'autre Lune*: cf. Plutarch XLIV, ' ... et les surnomma l'un le Soleil et l'autre la Lune'. Dio Cassius L, ch. 24 and LI, ch. 21 names them as Helios and Selene, the children of Latona.

1427. *Antigone*: cf. Plutarch XLIV, 'Antigonus roy des Juifs, lequel il feit publiquement decapiter ... '

1430–5. See Plutarch LXXI. Dio Cassius XLIX, ch. 32 and ch. 41, gives fuller details. These events happened in 34–33 B.C.

1436–9. Anthony held a triumph in 34 B.C. over the Armenian King, Artabazus. This angered the Romans because it was unauthorised and held in Alexandria, not in Rome. (Plutarch LXV and Dio Cassius XLIX, ch. 40.)

1441. *Quirin*: epithet of Romulus, used vocatively.

1442. *Romulides*: hybrid word.

1452–6. Refer to wars waged by Rome against her most famous enemies.

1484. *Agrippe*: Agrippa was in command of part of the fleet at Actium.

1494ff. The debate on clemency and severity is partly inspired by the debate between Nero and Seneca in Act II of *Octavia*. In reality Octavian showed great clemency in Alexandria. (Cf. Plutarch CIII)

1558–1677. The long recital of Dircet (Dercetaeus) follows Amyot's translation closely in places. Some of the same phrases occur (e.g. *les herses abatre, empaqueta*). (Plutarch XCIX–c) Garnier follows the conventions of the 'Messenger's Speech'—preliminary lamentations, interruptions and exclamations.

1704. *Proculee*: Proculeius, Octavian's captain and envoy. He appears in the tragedies of Cinthio and Jodelle. (See Plutarch CI)

1740. *Conque Tyrienne*: the shell-fish (murex) which gave the Tyrian purple dye.

1742. *Canusienne*: Canusium, a town in Apulia, was famous for its fine wool.

1760–3. The temple of the god Janus had two doors which stood open in time of war and were closed only when Rome was at peace. On 29 January 29 B.C. these doors were closed for the first time for 200 years (Dio Cassius LI, ch. 20). Notice that Garnier corrects an error in his revised version of this passage.

1774. *Parthes*: The Parthians, expert shots, could turn in the saddle and fire backwards.

1775. *Cantabres*: Cantabri, a warlike Spanish people, later conquered by Agrippa (20 B.C.).

1778. *ont couverts*: Notice this agreement of the past participle (contrast with usage in 96 *tes machines conduit*).

ACTE V

1816. *Atrope, Clothon*: The Parcae; Clotho and Lachesis spun the thread of men's destinies, Atropos cut it; cf. H 978.

1839. 'Quant à Caesarion ... sa mere l'avoit envoyé aux Indes par l'Aethiopie avec une grosse somme d'argent.' (Plutarch CIV)

1904. *Cleopatre*: At this point Cléopâtre perhaps applies the asp or takes poison. There may be a reference to physical agony in 1961–2, but there is no certain indication.

1908. *la mort soudaine*: cf. Plutarch CVIII, 'La mort fut fort soudaine'.

1928ff. For this invocation cf. Horace, *Odes* I, XXX and Catullus XXXVI.

1933. *Enee*: the *gens* Iulia, to which both Antony and Caesar belonged, claimed descent from Aeneas whose mother was Venus.

1935. *Dardanien*: Trojan.

1955. *frere ennemy*: For Cleopatra's struggle against her brother Ptolemy, in which she was helped by Julius Caesar, see Dio Cassius XLII, chs. 34–44.

1952–9. These lines resemble the last words of Didon in Jodelle's *Didon se sacrifiant*. Both passages come from Virgil *Aen.* IV, 653–8.

> J'ay vescu, j'ay couru la carrière de l'âge
> Que Fortune m'ordonne, et or ma grand' image

Sous terre ira ... *Ancien théâtre françois*, ed. M. Viollet le Duc, IV (Paris, 1855), p. 217.

1962–7. This lament is partly inspired by Ariosto, *Orlando Furioso* XXIV, 78ff. (the death of Zerbino) and partly by Ronsard, who imitated the same passage in his *Discours amoureux de Genevre* (1564), *Œuvres complètes*, ed. Laumonier, XII, pp. 256ff., especially ll. 261ff:

> Je m'en vois bien heureux aux rives d'Acheron,
> Puis qu'en mourant ainsi je meurs en ton giron,
> Ma levre sur la tienne, et tenant embrassée
> La dame que la mort n'oste de ma pensée.

1968ff. From the speech invented by Plutarch (CVII) '... ains me reçoy avec toy, et m'ensepvely en un mesme tombeau, car combien que mes maulx soyent infinis, il n'y en a pas un qui m'ait esté si grief à supporter, comme le peu de temps que j'ay esté contraincte de vivre sans toy.'

1999. For the ambiguity of the denouement see Introduction, p. 16.

GLOSSARY

Note. Only words which cannot be found in the most readily accessible of dictionaries, such as the *Petit Larousse*, or which have undergone semantic change, are included in the glossary. Easily understood compounds or their opposites, such as *encontre*, *reguarir*, *mollir*, are not included. The plays are distinguished by H (Hippolyte) and MA (Marc Antoine).

abayer à, H 430, MA 1453: aspire to, ardently desire

abjecter, s', H 536: to stoop, demean oneself

absenter (trans.), MA 1904: be absent from

abysmer, MA 577, 1465: to ruin

accoiser, MA 328: to appease, calm

accorder, MA 1559: to make a pact

accorte, H 1821: skilful

accravanter, H 1537, MA 1306: to crush, overwhelm

acculer, s', H 2058: to throw oneself backwards

adeuler, s', H 184: to moan, groan

adoulouree, H 427: grief-stricken

adonc, adonques, MA 1603, 1620: then, next

affoler, H 969, 1729, MA 922, 1423: to be or become mad

ahan, d', MA 1827: with painful effort

ains, ainçois, passim: rather; **ains que,** H 1895, before

allegeance, MA 528: relief, comfort

aneletz, H 1416: curls

angoisseux, H 1690: either giving or feeling anguish

animeux, H 1819: violent, fierce, eager in pursuit

araigne, MA 1164, 1224: spider

ardre, passim: to burn

asprir, MA 500, **s'asprir,** MA 450: to excite, irritate, to be or become excited, irritated.

attoucher, MA 667: to be of moment to

auparavant que (de), MA 484, 520: before

aviser, MA 1702: to take steps

bavoler, H 249, MA 631: to flutter, fly low

baye, MA 1701: lie, lure

blandissans, MA 1163: flattering, seductive

bleds, MA 780: corn

bouler, H 213: to cause to roll (like a ball)

boutis, H 359: snouting around

boutonner, H 2075: to scatter

brigander, H 59: to seize with violence something from someone

braver, MA variant 47: to menace, act contemptuously towards

butte, H 1757: mound bearing target

carnager, MA 1308: creating carnage, carnivorous

carole, MA 313: a round dance

caut, H 484, 1821, MA 213, 883, 1139: cunning, astute

celebrité, MA 902: celebration

cetuy, H 737, MA 1040, 1042, 1532: *pronoun = celui*

challoit, H 1788, *3rd sing. imperf.* of *challoir,* to matter

chambreuse, MA 1221: flaxen

charongnier, MA variant after 1743: containing, feeding on corpses

chef, MA *Argument* 15: cape, head-land

cherroit, MA 706, *3rd sing. imperf.* of *cheoir,* to fall

chetiver, H 1163; to make wretched

communiquer à, MA 1017: to share in

compas, par, MA 384: with moderation

compasseur, MA 361: one who measures out

confite, MA 1885; filled with, sunken in

convira, MA 657: = *conviera*

convoiteux, MA 1011: desiring, greedy for

coulant, H 906: current, course

coupeau, H 816, 1119: slope

courage, H 824, MA 75, 1060: heart, thoughts, feelings

coust, H 1003: *3rd sing. pres.* of *coudre,* to pierce

coustau, H 1027, MA variant after 498: = *coteau,* hillside

crespe, H 834: wrinkled

crimineux, H 1545: criminal

crineux, H 178, 2037, MA 54: hairy, long or thick haired

crinu, MA 302: as for **crineux**

cuider, H 728: to try, seek to

cure, H 892: cure (cf. **curable** H 913: curable)

debonnaire, H 603, 1373, MA 556, 756, 1516: noble-natured, good, generous

decevable, H 1385: deceiving

decharmer, H 152: to free from a spell

deconfire, MA 967: to defeat

degoutant, H 1034, 2111: dripping

dejeter, MA 879, 1050: reject, cast down

déjoindre, MA 659: to separate

demeure, H 2104: **rompe toute demeure,** brooking no further delay, MA 114: length (time)

dependre, H 356: to spend

depiter, MA 1334: to despise

desaigrir, MA 1263: to comfort, diminish suffering in

desastré, MA 1541: ill-starred

desemparer, MA 1714: to rid

deserter, MA 1309: ravage, lay waste

desfaict, H 945: ill-formed, misshapen

despite, H 1029: angry, cross

desplaisance, MA 688: displeasure, grief

destordre, se, MA 1663: to twist

devant que, H 1090, 2235, MA 1975: = *avant que,* before

devoir, H *Argument:* effort

diffame, MA 371, 2244: shame, infamy

domteresse, MA 1222: conquering

douter, H 350: to fear

drageons, H 2073: small shot

écarmoucher, s', H 2088: to attack oneself

élarmee, MA 1991: no longer able to weep

élourdé, H 227: tired, dazed

embarquer, H 2294: put into (Charon's) boat

empeschez, MA 954: occupied, encumbered

empereur, MA 267: army commander-in-chief

encombre, H 80, 444, 567, 1633, MA 595, variant 1797: encumbrance, danger, oppression, wretchedness, perfidy, ruse

encombreux, H 17: dangerous, unpleasant

encorder, MA 54: to bind with cord

enferrer, MA 1336: to shackle

enhorter, H 191, MA variant 1652: to exhort, encourage

ennuy, MA 1439, 1882, 1891: affliction, grief

enragément, MA 237: furiously angrily

entresuivre, s', MA 1347: follow one after another

entorce, H 2079: *p.p.* of *entordre*, to twist

époindre, H 999, MA 1856: to excite, prick, goad, torment

époint, MA variant 464; *p.p.* tormented

escelles, H 776, **esselles,** H 295: armpits

escerveler, MA 1408: cause the brains to spill out

esgout, MA 1923: dripping fall, drop

esmerveillable, MA 1112: astonishing, marvellous, admirable

espani, H 2244: fully open, flowering

espiner, MA 225, 479, 917: to prick or tear with thorns

esprendre, s', MA 281: to catch fire

estofez, MA 1722: furnished, adorned

estonner, H 252: paralyse, terrify

estranger, MA 581: to abandon

et, in **et pourquoy,** H 2153, **et bien** H 1493 = *eh!*

expres, MA 1676: specially

fallace, H 1793: deceit, imposture

faudroit, H 1244, 3rd *sing. cond.* of *faillir*, to fail; cf. **defaudront,** H 1255

Fautier, H 615: culpable

fillâtre, H *Argument* 10: stepson

forçable, MA 81: which may be forced

forçante, H 732, MA 721: compelling

forcener, H 112, 1861, 2084, 2166: to be mad, angry, violent

forpaiser, se, H 347: to leave the part of the countryside (deer, hunted by hounds)

fort, de fort en, H 349: more and more

friand, MA 717: lively, clever, pleasing

fuitif, H 906: fugitive

fumiere, MA 635: smoke

gaignage, H 324: gain, profit

geniture, H 35, 99, MA 122, 406, 1821: progeny

gente, MA 329: pleasant, pretty, gracious

gesne, H 1898, MA 938: torment, anguish

gesner, H 1207, MA 686: to torment

glout, MA 396, 1845: greedy

grief, H 1854, MA 131: painful

grison, H 833, 1806, MA 1058, 1282: grey, greying

haineur, MA 893, 1161: enemy

heure, à l'heure et à l', H 2103: immediately

heure, à l', MA 255: then, from that moment

hûler, H 1556: to howl

idole, MA 6: idol; MA 104, 911, 1364: image, statue

image faux, MA 1958: phantom, spirit

imbecile, H 691, 1109, MA 271, 1321: weak, morally or physically

imbecilité, MA 455: weakness, lack of strength

impiteux, MA 343, 663, 835, 1901: pitiless

indiscret(t)e, HA 421, 670: lacking in discernment, excessive

infet, H 709: foul

infortuner, MA 1808: make unhappy, unfortunate

ireux, H 1441: irascible, angry

ja, H and MA passim: already

jaçoit que, MA 926: although

jazard, MA 336: chattering

journalier, H 1188, 2274, M 1119: ephemeral, daily

lairra, H 698, **lairrez,** H 1009, 1010 = *laissera, laisserez*; **lairront,** MA 782 = *laisseront* (Huguet: borrowed from the O.F. *laier*

languard, MA 247: gossipy, back-biting, boastful

larmeux, MA 398, 662, 1915: sad, all tears, causing tears; cf. **larmoyeux**

larmoyable, H 154: lamentable

larmoyeux, MA 364, 1691, 1983: all tears, weeping

larval, MA 1813: inhabited by ghosts

liaces, H *Argument* 29: traces

limas, H 2121: snail

los, MA 614, 639, 1065, 1855: praise, glory

nalefice, H 1761, 2152, MA 257: crime, evil deed

malheurer, H 1969, MA 524: make unhappy

marchander, MA 264: pursue, press hard upon

marriçon, MA 328: affliction, sorrow

mechef, H 16, 61, MA 132, 172, 394, 1995: calamity, damage, ill-fortune

merveillable, H 722: astonishing, wonderful

meurdrissante, MA 419 = *meurtrissante*

meur, MA 1198: ripe

meurtrisseur, MA 1551, 1875: murderer, murderous

moiteux, MA 535: damp, liquid

mollastre, MA variant 1323: soft, flabby

monstreux, H 48, 623, 1767, 1848, MA 806: prodigious, monstrous

mutiner, H 1847: to incite to revolt

nasse MA 411: boat

nauf (pl. **naus**), H 68, MA variant after 498: boat

navigage, MA 1957: fleet

negeux, H 707: snowy

nœu, MA 1947 = *nœud*, knot

noüer, MA 1942: swim, float, drown

nuiteux, H 2276, MA 536: nocturnal

offendre, MA 1333: to offend, injure

ombrageux, MA variant after 498: shady

oncque(s), MA 982, 1061, 1166: never

ondeler, H 1030: to flow, ripple

ondeux, H 1488, MA 152, 339: made of waves, living in the waves

opportunité, H 1196: opportunity

oppresse, H 1529, MA 1729: action of oppressing, suffering

ord, MA variant 1138: filthy

ore[s], H 153, MA 671, 736, 933, 1193, 1555: now; **or'que,** M 671: even though

palus, H 445: marsh

parantele, MA 1019: kinship

peinture, H 2032: colour

pener, MA 1653: to labour

pennache, MA 1765: plumage

perruque, H 779, MA 1282: hair; cf. **perruquier,** H 151: golden-haired Phœbus

pers, MA 794: a shade of blue

pieton, MA variant after 1558: foot-soldier

piteux, MA 1634: worthy of pity

planiere, H 1877: full

pleureux, H 2313, MA 1895: weeping

plomber, H 1516, 2301, MA 1644, 1986: to strike, bruise with blows

plorer, MA 1242, 1913, 1914 = *pleurer*

poindre, H 506, MA 660, 726: to prick, pierce; cf. **poignantes,** MA 1368: piercing.

pointe, H 800, MA 602: sting, prick

poudriere, H 1742: dust

poudroyer, MA 393, 1310: to pulverise, crush

pourmener, se, H 1083, 2002, MA variant after 458: to walk, move

pourtraire, MA 610: paint, represent

premier que, H 2085: before

pris, au … de, MA 1845: as much as

proclive, H 19: inclined

pronte, MA 253: *prompte*

querele, MA 332: lament

rapporter, MA 1232: to resemble, imitate
reboucher, H 1608: to grow blunt
rebouter, H 2209: repulse, reject
reclus, MA 1583, 1907: enclosed
recous, H 2333: delivered (from *recourre*)
recroistre, MA 930: to increase, augment
refrisé, MA 1839: frizzy, crinkled
relant, H 1842, MA 1809: smelling damp, nasty
rengreger, MA 1902: to increase, aggravate
remparez, H 386: protected by ramparts
renverser, MA 155: to be overturned
reverable, MA 903: worthy of reverence
revocable, MA 985: which can be revoked
ribler, H 112: lead a debauched life
rivager, MA 1899: belonging to the river-bank
route, MA 73, 445, 676: defeat, rout

sablonnier, MA variant after 498: sandy
sagetaires, MA 460: arrow-shooting
sagette, H 723, 1006: arrow
sanglantement, MA 1644: bloodily
scadron, H 190, MA 88, 1312: squadron, flotilla
segret, MA 189: *secret*
seigneurier, MA 1040: to reign, dominate
sep, H 2122=*cep*, vine-stock
sepulcralier, H 244, MA 1754: belonging to the tomb
sepulturable, MA 1797: to be buried
si, passim: yet; **si que,** so much that, so that
souloir, H 963, 1115, MA 5, 130, 752: to be accustomed to, wont

sourcy, MA 1415: eyebrow
stygiale, MA 62: Stygian
subler, MA 303: to whistle
sueux, H 771: sweating

taille, H 290: thicket
taille, H 2039: tail
tandis...tandis, MA 97: now...now
teinturé, MA 1743: coloured
tempesteux, H 131, MA 576: stormy, violent
temples, H 1442: temples (anat.)
tirasser, MA 180: to tug, pull about
touillé, MA 1153: soiled, wallowing
tollir, MA 943, 1521: to take away
torter, H 960: to twist
tortis, H 1031: windings
torts, H 385, *p.p.* of *tordre,* to twist
traistreuse, MA variant 1103: treacherous
trionfé, MA 28: conquered, led in triumph

usager, MA 984: of which one has simply the use, without possessing

vague, H 1720, MA 1840: mobile, vagabond
vagueux, H 2014, 2265, MA 765, 1477: tumultuous, of waves
varier, MA 971: to cause to change, turn aside
vergongneuse, MA 436: shameful
vermeiller, H 358 = *vermiller,* nose around, snuffle around
viandis, H 323: pasture
vinotier, H 612: of which wine is made
violement, H 1784: rape
voire, voirment, voirement, H 477, 1351, MA 1464: true, truly, indeed
voitrer, se, MA 1154: to wallow
voutûre, H 988: curve, rondure
vueil, H 45, MA variant 617: will, wish